GAUTHIER WENDLING

RELEVEZ LES DÉFIS,

ESCAPE

DÉCODEZ LES ÉNIGMES

BOOK

ET ÉCHAPPEZ-VOUS DU LIVRE !

LE SECRET DES MAYAS

404 EDITIONS

AVANT-PROPOS

Ce volume reproduit les notes de voyage de la jeune Emily Chaterwood, telles que la famille Chaterwood-SaintClair les a transmises à l'éditeur bien après les faits. Nous nous sommes contentés de mettre en ordre les documents, d'en combler les lacunes et de donner une forme ludique à l'ensemble. Quant à l'authenticité de ce récit, le lecteur en jugera ! On notera pourtant la similitude entre les noms des protagonistes et ceux d'archéologues et linguistes du XXe siècle, connus pour avoir contribué au déchiffrage de l'écriture maya...

***

Ceux qui sont déjà familiers des *escape books* peuvent lire immédiatement le prologue, après avoir pris connaissance des règles spécifiques à ce volume : les glyphes, et les indications cachées dans le texte et les illustrations (page 190).

Ceux qui découvrent cette nouvelle manière de vivre cette aventure ou veulent se rafraîchir la mémoire trouveront les règles du jeu en page 190.

PROLOGUE

« Mademoiselle Chaterwood, c'est tout à fait inadmissible. Votre acte est inqualifiable ! Qu'est-ce qui vous est encore passé par la tête ? Vous n'agissez pas comme une demoiselle de votre rang ! »

Dans ma robe de collégienne, les cheveux défaits, je fais face à la directrice du pensionnat avec un air de défi.

La femme me toise de son regard dur par-dessus ses lorgnons. Ce n'est pas la première fois que mon attitude rebelle me conduit dans ce bureau. Moi, Emily Chaterwood, je suis placée là depuis mes 10 ans – une éternité pour l'intrépide jeune fille que je suis ! Mon père est mort durant la Grande Guerre ; j'avais 7 ans à peine. J'ai ensuite perdu ma mère, par accident, lors d'une mauvaise chute de cheval. Mon oncle est la seule famille qui me reste : Sylvanus C. Chaterwood, l'archéologue, toujours pris par ses campagnes de fouilles au Mexique et au Guatemala. C'est lui qui m'a placée au collège Lockwood, mais je ne me plais pas dans ce cadre strict. Brillante

en langues et en sport, je ne supporte pas qu'on m'interdise quelque chose. Le jeune Lord Bret SaintClair en a fait l'expérience tantôt...
En revenant de l'entraînement de cricket – le terrain de sport est le seul endroit où filles et garçons peuvent se croiser – ce jeune arrogant m'a lancé, sûr de lui :
« Hey, Emily Sans-Famille ! Tu l'as vu, mon dernier lancer ? Trente-six chandelles, qu'ils ont vues en face !... Tu veux la voir, la chandelle, Miss ? »
Colossale erreur. Je déteste qu'on se moque de ma famille. Je me suis emparé de la balle de cricket et je l'ai lancée de toutes mes forces ! L'impertinent s'est plié en deux, touché dans sa dignité au propre et au figuré. Les autres garçons ont bien ri.
« Elle t'a pas loupé, hein, Bret, pile où ça fait mal ! C'est toi qu'on va appeler "Miss", maint'nant ! »
Évidemment, la famille de Bret SaintClair s'est plainte à grands cris... Et me voilà, une fois de plus, dans le bureau de la directrice.
« Cette fois, vous êtes allée trop loin, Miss Chaterwood ! Le père du jeune Lord craint pour, hum, la perpétuation du nom des SaintClair. Il exige un châtiment exemplaire ! Mais je vous connais bien, soupire-t-elle. Vous vous excuserez, vous

ferez votre punition, et rien ne changera ! Impossible de vous renvoyer chez vos parents – pauvre orpheline que vous êtes – ou auprès de votre oncle, ce Sylvanus Chaterwood, cet... archéologue ! [Elle prononce le mot en plissant les lèvres de dégoût.] Vous vous croyez intouchable... Eh bien, vous vous trompez. Tout cela va changer, voyez-vous ! »

Je tends l'oreille, intéressée. Enfin du changement, de l'inattendu dans cette vie trop rangée !

« J'ai ici une lettre de votre oncle. Pour votre seizième anniversaire, il vous autorise à sortir et à le rejoindre en Amérique centrale. Il parle de "vacances exceptionnelles". Eh bien, vous lui annoncerez vous-même que nous ne vous reprendrons plus à la rentrée ! Libre à vous de gratter la terre et d'épousseter des cailloux, au milieu des moustiques ! »

Je souris et réprime un sursaut d'excitation. La directrice s'en aperçoit aussitôt.

« Ne trépignez pas d'impatience, Miss Chaterwood, vous n'espérez tout de même pas partir toute seule, votre valise sous le bras, direction la jungle ? Nous sommes responsables de vous jusqu'à ce que votre oncle vous reprenne sous son autorité. La préfète de discipline Miss Killjoy va vous escorter. Elle sera votre dame de compagnie jusqu'à votre arrivée à bon port. Une dernière chose. Pour vous punir d'avoir agressé Lord Bret SaintClair, vous recopierez cinquante fois l'entrée MAYAS de l'*Encyclopædia Britannica*. Elle fait dix bonnes pages. Cela vous préparera pour votre voyage, n'est-ce pas ? Ne me remerciez pas ! Vous pouvez sortir. »

Je hais les vieux bouquins et les encyclopédies ! Je serre les poings avec rage mais ne dis mot, de peur de voir ma punition grossie. Mon chaperon ne me laissera pas en paix avant que j'aie terminé, voyage ou pas voyage.

Je fais une révérence exagérée et sors. Je vais rejoindre oncle Sylvanus en Amérique centrale ! Même si c'est en compagnie de Miss Killjoy, cette vieille bique toujours plongée dans son bréviaire, l'aventure, c'est l'aventure ! Et au bout, la liberté, loin des salles d'études et de mes copines trop sages ! Je sautille et chante dans les couloirs, sous le regard réprobateur des surveillantes.

Arrivée dans ma chambrée, une lettre m'attend sur mon lit. Le timbre exotique du Belize, le Honduras britannique, ne laisse aucun doute : une lettre de mon oncle !

Naachtun, avril 1927

Ma chère Emily,

J'ai bien conscience que ton enfance n'a pas été ce que ta famille et moi aurions souhaité pour toi. La perte de tes parents, le temps consacré à mes voyages et mes fouilles... Te placer à Lockwood n'aura été qu'un pis-aller, dans l'espoir que tu y reçoives une éducation digne de toi. J'espère que mes lettres t'auront mis du baume au cœur et que mes petits jeux de codes t'auront distraite. Heureusement, tu auras bientôt 16 ans révolus.

Tu vas pouvoir me rejoindre dans les forêts du Yucatán.

Je suis malheureusement trop accaparé par mes fouilles pour venir te chercher en Angleterre. Tu vas donc partir en bateau de Liverpool et arriver directement à Belize-City, un des seuls ports de la région ! Je viendrai te chercher et, de là, nous traverserons le Honduras britannique, en remontant le fleuve Belize. C'est un voyage qui peut être difficile et inconfortable, aussi prends des vêtements pratiques et des bottines fermées.

Les Indiens du pays sont aimables et serviables. Certains descendent même directement des guerriers mayas, mais tu n'as rien à craindre d'eux, rassure-toi !

En revanche, je te demande de te méfier d'un certain Albert Hedges. Je ne veux pas t'embêter avec mes histoires de rivalité d'archéologue à archéologue... enfin si on peut dire ça de cet aventurier sans scrupule. J'ai déjà eu affaire à cet homme, et il est prêt à tout pour s'emparer de mes découvertes. C'est pourquoi, si j'ai besoin de t'écrire quelque chose, j'utiliserai notre écriture personnelle, celle en bas de mes lettres. Enfin, ne t'inquiète pas outre mesure.

Je te souhaite un bon voyage, et j'espère très bientôt te serrer dans mes bras et te montrer les richesses de cette civilisation perdue !

Ton oncle,

Sylvanus C. Chaterwood

À ces mots, je ne me sens plus de joie ! J'ouvre mon petit tiroir de chevet et relis avec avidité les précédentes lettres d'oncle Sylvanus, celles datées de l'an dernier. Il m'écrit généralement pile un mois à l'avance, pour être sûr qu'elles me parviennent à temps pour les grandes occasions ! C'est vraiment attentionné de sa part... Trois de ses dernières lettres comportaient un petit message spécial à la fin.

Aïe, je ne dois pas oublier ma punition de recopier l'encyclopédie. Peuh ! Que peut-on apprendre des Mayas dans ce bouquin poussiéreux écrit par des gens qui n'ont jamais mis les pieds sur le terrain ? Mon oncle en sait sûrement plus qu'eux !

ruines mayas. Je suis très excité de ce nouveau chantier de fouille !

Bien sûr, je n'ai pas oublié ton cadeau, et il devrait te parvenir sous pli séparé, et donc je te souhaite ma chère Emily,

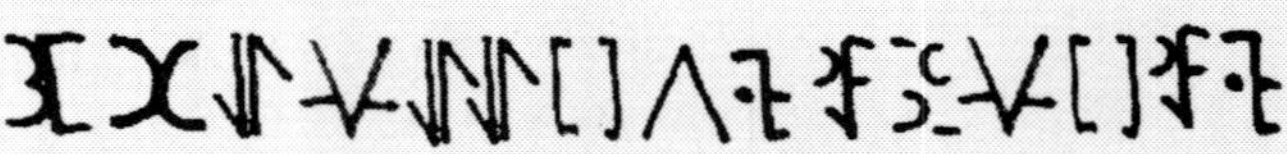

Sylvanus C. Chaterwood

recherches intéressantes dans cette région encore largement inexplorée. Je n'oublie pas que la tradition veut que ce soit en mai qu'on célèbre ton prénom, et non en septembre.
En conséquence, ma chère nièce, je t'écris

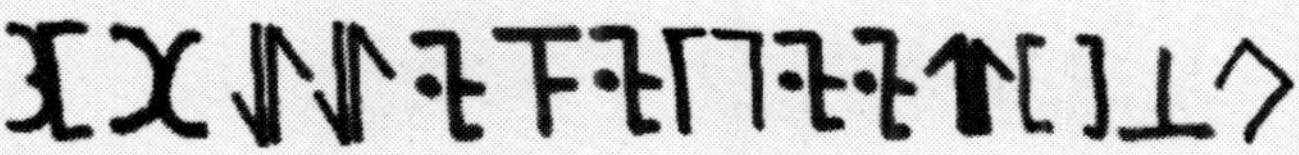

Sylvanus C. Chaterwood

l'hiver est doux, mais la saison des pluies avec ses orages diluviens s'arrêtera bientôt et mes chantiers de fouille vont repartir à plein.
Sur ce, ma chère Emily, je te souhaite,

Sylvanus C. Chaterwood

Comme le temps passe ! Le trajet par train jusqu'à Liverpool s'est bien passé grâce à la légendaire ponctualité des chemins de fer britanniques, et nous voilà à bord du RMS *Plutonic*, le steamer qui relie Liverpool à la mer des Caraïbes. Oh, rien de comparable avec les « lévriers des mers », ces prestigieux navires transatlantiques ! Ce n'est qu'un navire affecté aux lignes secondaires, mais aménagé avec goût. Et comme l'indique le RMS – pour Royal Mail Ship –, c'est le transport officiel du courrier britannique ! Miss Killjoy semble ravie du voyage. Depuis que nous avons quitté Lockwood, elle a montré un tout autre visage. J'ai vite compris que son attitude sévère devant les filles n'était qu'une façade pour imposer son autorité et se faire respecter. Comme elle sait que je pars aux Amériques pour ne pas revenir, elle n'a plus besoin de jouer la harpie. Sans être agréable, sa compagnie n'est pas aussi rasante que je l'imaginais au départ.
Le 18 mai, juste avant le départ du paquebot, une carte d'anniversaire m'est parvenue, à ma grande joie ! Juste à la bonne date ! Mon oncle a annoté la jolie carte illustrée de son écriture.

Je n'ai pas bien compris sa petite poésie, mais qu'importe ! Cela m'a fait très plaisir !

Notre steamer a ensuite pris le large vers les Caraïbes et l'Amérique centrale. J'ai exécuté scrupuleusement ma punition les premiers jours, recopiant l'*Encyclopædia Britannica* (Documents, page 212). Au passage, j'ai bien appris quelques petites choses sur les Mayas, même si tout cela me semble bien dépassé depuis les découvertes faites par mon oncle.

Miss Killjoy et moi partageons une cabine double, simple mais confortable. Elle a tendance à ronfler après le dîner copieux des premières classes ! Je me fourre la tête sous l'oreiller et m'endors, bercée par le tangage du bateau. Au bout de quelques jours, presque tous les passagers se connaissent, la conversation et la promenade sur le pont étant les seuls loisirs autorisés. Bien sûr, il y a des salons, un fumoir, un piano et même une sorte de bar-casino avec des jeux. Le fait de voyager avec une dame de compagnie me fait apparemment passer pour une riche héritière et je suis contente de clamer partout que je rejoins mon oncle archéologue ! Je suis si fière et, il faut bien le dire, naïve.

Nous voilà presque à la moitié de la traversée et il nous reste moins d'une semaine de voyage. Un radiotélégramme de mon oncle nous parvient alors. C'est le capitaine lui-même qui nous l'apporte. Je trépigne. La télégraphie sans fil a été inventée par Marconi il y a des années déjà, mais recevoir un message transmis par les airs reste un petit événement ! Les journaux en avaient beaucoup parlé quand la TSF avait permis de démasquer un assassin et sa complice à bord du SS *Montrose*. En lisant le message, Miss Killjoy blêmit.

IMPOSSIBLE VENIR CHERCHER EMILY À BELIZE-CITY **STOP** IMPRÉVUS DURANT FOUILLES **STOP** DÉSOLÉ **STOP** ENVOIE HOMME DE CONFIANCE **STOP** GUIDE MAYA VOUS REJOINDRA **STOP** MERCI DE VOTRE COMPRÉHENSION **STOP** SCC

« Mais votre oncle est fou ! s'emporte Miss Killjoy. Il est hors de question de vous confier à un indigène ! Il ne donne même pas son nom, ni où le trouver, ce diable d'homme ! Et puis je n'ai pas l'intention de vous suivre dans cette contrée perdue, en pleine jungle. Autant la croisière est amusante, entre gens du monde, mais il est hors de question de… »

Un thé la calme un peu. Pour elle, impossible de me confier à un indigène. Mais l'idée de se retrouver seule avec une enfant dans la jungle la terrorise ! Oui, la croisière et le voyage lui plaisent, mais elle compte bien retourner immédiatement en Angleterre après s'être débarrassée de moi ! À sa décharge, Miss Killljoy ne parle pas un mot d'espagnol, ce qui est bien embêtant sous ces latitudes… Dès lors, elle n'a de cesse de trouver quelqu'un de confiance à qui me confier. « De confiance » voulant dire « blanc », évidemment. Par exemple, ce M. Guède, un Français ! Eugène Guède est un anthropologue, « spécialiste des antiquités précolombiennes méso-américaines », enfin c'est ce qu'il dit. On l'a peu vu durant le voyage, il est resté dans sa cabine la plupart du temps, affligé d'un mal de mer tenace. M. Guède se rend au Honduras britannique et au Guatemala pour ses affaires. Entrepris par Miss Killjoy, il accepte bien volontiers de m'escorter auprès de mon oncle, qu'il connaît de réputation. En lui posant quelques questions sur la civilisation maya, je m'aperçois rapidement qu'il était loin d'être si calé sur le sujet que son titre ronflant le laisse croire… Ce M. Guède n'est sans doute qu'un vulgaire antiquaire, un marchand d'art. Cela me rappelle soudain la mise en garde de mon oncle. Je demande, avec toute l'innocence que me confère mon âge, s'il connaît Albert Hedges. « Évidemment ! Je traite souvent avec lui. C'est un explorateur qui ramène des trésors fabuleux ! Je lui achète volontiers ses découvertes. D'ailleurs, nous irons le voir, c'est sur ma route. »

Je maugrée intérieurement. Je vais me retrouver prise dans les filets du rival de mon oncle. Cela ne me plaît pas. Je fais bonne figure, sentant bien que Miss Killjoy est soulagée et même un peu séduite par l'antiquaire aux manières élégantes et à l'anglais parfait. Elle est certainement soulagée d'avoir trouvé une solution qui ne heurte ni ses préjugés ni ses projets.
Le lendemain, un mystérieux radiotélégramme de mon oncle augmente encore mes craintes. L'officier de TSF me l'apporte directement, car il m'est adressé à moi seule, et non à Miss Killjoy.
« C'est le message tel que j'l'ai reçu, Miss Chaterwood. Un diable de code que voilà ! C'est courant dans not' métier, pour pas qu'un autre sur les ondes attrap' vot' message. »
L'homme a un accent à couper au couteau. Sans doute un Gallois !
« Au cas z-où, j'vous jure qu'y a aucune faute dans la retranscription, j'ai tout reçu de manière parfait'ment claire. Rev'nez me voir dans la cabine TSF si vous avez du mal à comprendre. »

POUR EMILY CHATERWOOD **STOP**
PERSONNEL **STOP** YCCUDIU TUSEKLUHJU
STOP Q GKQY JHEKLU YAJQD JED WKYTU
STOP QK SQCF SECFBUJU FBQD **STOP**
MÉFIE-TOI DE HEDGES **STOP** SCC

Un nouveau message codé ! Vite, je file dans ma cabine avec excitation ! Pourquoi n'a-t-il pas utilisé plutôt notre code manuscrit ? Ah, bien sûr, impossible avec un télégramme envoyé en signaux de Morse. Bien, si mon oncle utilise ce code, c'est qu'il sait que j'en viendrai à bout.

Avec ou sans la solution du radiotélégramme codé, je décide de fausser compagnie à Miss Killjoy et à M. Guède dès notre arrivée au port du Belize – c'est-à-dire dès demain. Je pourrais faire mine de débarquer avec l'antiquaire pendant que Miss Killjoy transbordera ses bagages vers un autre steamer qui la ramènera en Europe. Je trouverai bien ce guide indien qu'oncle Sylvanus m'a envoyé.

Mais, fine mouche, mon chaperon s'est douté de quelque chose. Après des années à travailler

dans un pensionnat, on ne la lui fait ni à l'envers ni à l'endroit !
« Je vous vois venir à un kilomètre, Miss Chaterwood ! J'ai bien remarqué la tête que vous faisiez quand je parlais à ce cher Français… Et j'ai vu l'officier vous remettre le message que vous cachez dans votre poche, petite sotte. Pas question de vous laisser courir dans la jungle dès que j'aurai le dos tourné ! Vous irez avec M. Guède, j'ai dit. Et pour faire rentrer cela dans votre tête de linotte, vous finirez le voyage dans la cabine. Pas la peine d'espérer fuguer à peine l'ancre jetée ! Et pour plus de précaution, je vais mettre votre passeport en lieu sûr. »
La porte de la cabine claque derrière la préfète de discipline et ses pas s'éloignent dans la coursive.
Me voilà seule, écroulée sur ma couchette.
Je passe à présent au début du chapitre 1.

Chapitre 1
À BORD DU STEAMER RMS *Plutonic*

Je commence la lecture du chapitre par le lieu 1.

1. Ma cabine

Me voilà enfermée à clé dans ma propre cabine ! Moi qui croyais que ce voyage était la clé de la liberté, un comble... Miss Killjoy a lu en moi à livre ouvert : l'envie de retrouver mon oncle, de m'enfoncer dans ces territoires inconnus. Entre mon oncle et moi, une porte en tôle d'acier... et l'épineuse question du **P**asseport. Impossible de débarquer sans, les autorités douanières ne me laisseraient jamais passer.
Allons, soyons méthodique. D'abord la porte. Elle est fermée de l'extérieur. Je me baisse et regarde par le trou de serrure, qui a à peu près cette forme ♀, et je constate que... la clé est

restée, à l'extérieur ! On se croirait dans l'un de ces romans policiers que les filles se prêtaient en cachette, à Lockwood. Si je faisais tomber la clé à l'extérieur pour la ramener à moi ? Non, le chambranle est cerclé d'un joint de caoutchouc étanche : pas de jour sous la porte.

Je colle mon oreille à la tôle, au-dessus de la serrure. Pas un bruit dans la coursive : je ne peux même pas appeler un steward à l'aide, à supposer que Miss Killjoy n'ait pas déjà prévenu le personnel de m'ignorer. Je n'entends personne remuer dans les cabines voisines.

Bon, à l'opposé de la porte, un hublot fermé par un levier de pression. Contrairement à ceux des secondes classes, on peut l'ouvrir de l'intérieur – ce que je fais. L'air frais et salin envahit mes narines. Je presse mes épaules contre l'encadrement de laiton, mais le hublot est trop étroit pour m'y glisser, à supposer que je veuille tenter cette manœuvre suicidaire ! L'ouverture ne donne pas sur le pont mais sur l'océan, et nous sommes encore à des kilomètres du port. Oublions.

Je promène mon regard sur les murs badigeonnés de blanc. Tiens, je n'avais pas encore remarqué l'éphéméride, que les garçons de cabine tiennent

RMS PLUTONIC

religieusement à jour. On est le 8 juin 1927. Me voilà bien avancée !

Alors, qu'est-ce qui pourrait m'être utile pour m'évader ? Sur la planchette amovible qui tient lieu de bureau, un tome de l'*Encyclopædia Britannica* (berk ! Je l'ai assez vu jusqu'à la fin de mes jours !) et une carte géographique fournie par la compagnie maritime. Je l'ai déjà étudiée en détail. C'est une feuille solide et brillante, que je peux plier ; elle supporte sans doute l'humidité. Elle porte ce petit dessin 🌎 au revers. Je l'empoche, à toutes fins utiles.

J'ai toujours le **M**essage télégraphique codé d'oncle Sylvanus sur moi.

J'ouvre enfin le placard ménagé dans la cloison, mais je n'ai que peu d'affaires dans ma petite valise de voyage, et rien d'utile en la circonstance. Pas même de banales allumettes ! Un départ de feu forcerait l'équipage à déverrouiller la porte, mais ce serait une fugue peu discrète... sans même parler des risques. Je passe la main dans mes cheveux et je sens sous mes doigts les épingles décorées d'un losange ⟡ que j'y ai passées en hâte ce matin. Je peux cocher la carte et les épingles à cheveux dans Mes Objets (page 196) avant de réfléchir à la meilleure manière de sortir de là.

Je ne peux pas passer à un autre lieu tant que je n'ai pas trouvé la manière de sortir. Le tableau des Combinaisons se trouve page 203.

I – J'essaie de rouler l'objet pour le faire entrer dans la serrure. C'est trop épais, ça bourre. Échec. Je lui trouverai une utilité plus tard.

II – Je pousse l'objet dans la serrure. La clé tombe sur la moquette de la coursive. Puis je tords l'objet pour lui donner la forme d'un crochet. Je tourne, je transpire, mais au bout d'un long moment, je sens une résistance... Je tire, et clac ! Je redonne sa forme première à mon outil improvisé, enfin autant que possible, et je pousse la porte pour sortir dans la coursive (aller en lieu **2**).

III – J'enroule l'épingle comme un fil de fer autour de la carte roulée, puis je tente de percer le papier épais à l'aide d'une seconde épingle. Hum, je ne vois pas vraiment ce que je vais faire avec ça. Je devrais essayer autre chose.

2. Coursive

Je ne lis ceci que si je suis parvenu à déverrouiller la porte de la cabine.
Libre !

La porte que j'ai repoussée d'une main fébrile donne sur la coursive des premières classes. L'épais tapis qui couvre le sol de métal ne parvient pas à étouffer complètement le battement de la machine. La clé de ma cabine traîne sur le sol ; je la ramasse pour la remettre dans la serrure. Le couloir s'enfonce à perte de vue dans les deux directions, éclairé ici et là par la tache de lumière d'une cage d'escalier percée de hublots. Entre deux portes, les barres de cuivre briquées avec soin par le steward ce matin, déjà ternies par la poussière de charbon qui s'infiltre partout.
Non loin, boulonnée à la paroi, une plaque de cuivre longue de deux pieds figure le plan en coupe du RMS *Plutonic*. Je peux y choisir librement ma prochaine destination, et revenir au plan pour m'orienter par la suite.
Au fait, à qui donc Miss Killjoy a-t-elle pu confier mon **P**asseport ? Je dois le récupérer si je ne veux pas finir entre les pattes de M. Guède ou pire, entre les griffes d'Albert Hedges…

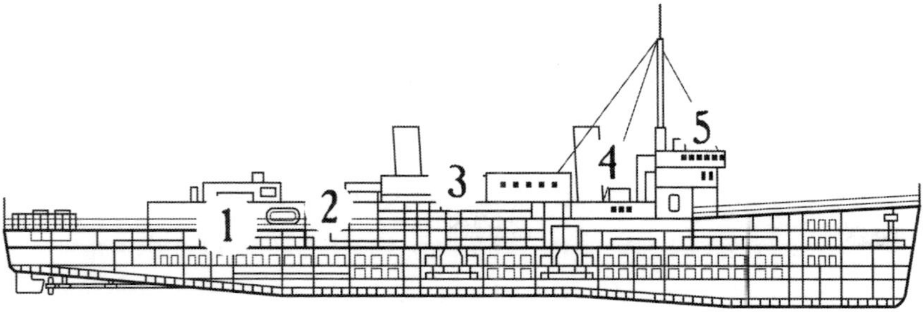

RMS *Plutonic*

I – Rien à signaler.

II – Rien à signaler.

III – Rien à signaler.

3. Salon de jeu

Le salon n'est pas très fréquenté pendant la journée, c'est plutôt l'ultime refuge des fêtards et de ceux qui ne trouvent pas le sommeil. Les rares hublots ne laissent filtrer qu'un jour assez chiche dans l'atmosphère enfumée. Le barman noir me repère immédiatement et fronce les sourcils, désapprobateur. Normalement, on ne sert pas les moins de 21 ans. Je lui dédie mon plus charmant sourire et il se déride.

« Cadeau de la maison », dit-il en me versant un jus de fruits dans un petit verre.
Je sirote pour me donner une contenance en tournant dans le salon de jeu. J'essaie d'avoir l'air naturel, mais ça n'est pas vraiment facile ! Heureusement, les clients sont si fascinés par ce qui se passe sur les tables de jeu en acajou qu'ils ne font pas vraiment attention à moi. Les yeux brillants, ils ne remuent que pour lancer les dés sur le tapis vert ou pour secouer la cendre de ces petits cigares dorés qu'on vend à bord. La surface de jeu est divisée en carrés numérotés, noirs et rouges, sauf le zéro, qui est vert. La roulette brillante qui tourne au milieu de la table est la cible de tous les regards. Le croupier la manipule d'un geste précis et lance des phrases sibyllines.
« 12, rouge, pair et passe !... 33, noir, impair et manque ! »
Je ne comprends pas un mot. Me voilà bien loin du pensionnat ! Je me rapproche à nouveau du comptoir, pour interroger le barman.
« Ce qu'ils disent, Miss ? Moi j'y fais plus attention, à force. Eh bien... les passagers, ils parient sur un numéro de 0 à 36. Le croupier, là, il fait tourner sa roulette ↺ et il lance sa bille dans l'aut'sens. Quand ça arrête de tourner, la bille s'arrête sur le

numéro gagnant, et ceux qui avaient parié sur le bon numéro reçoivent trente-cinq fois leur mise... Sinon on peut tout de même gagner quelque chose, mais moins, si on avait choisi un impair et que le numéro gagnant est impair. Ou l'inverse.

– Et c'est quoi : passe et manque ?

– Passe, c'est de 0 à 18, explique le barman en nettoyant le fond d'un verre. Manque, de 19 à 36.

– Une chance sur deux de gagner, comme pair et impair ?

– Eh oui Miss, on n'peut rien vous cacher ! s'esclaffe l'homme. Souvent les messieurs jouent une date fétiche, par exemple leur naissance... Ça donnerait quoi, pour vous, Miss ? De quelle couleur serait votre date de naissance ? Allez regarder ce que donnerait votre date d'anniversaire à la roulette ↺ si vous êtes curieuse ! »

Jouer sa date d'anniversaire à la roulette ↺, ces joueurs ont de drôles de... combinaisons !

I – Rien à signaler.

II – Comme le suggère le barman, je m'approche de la table de la roulette bien que je n'aie rien à parier. Donc, le jour de ma naissance serait *rouge, pair et manque*, le mois de mon anniversaire serait *rouge, impair et manque*, et mon année de naissance *noir, impair et passe*. Mais je n'ai rien à parier. À cet instant, un homme quitte son siège, manifestement ivre, et me bouscule. Il marmonne une excuse sans même me regarder. Je remarque qu'un jeton marqué d'un ♠ a glissé de sa poche pour rouler sous la chaise ! Je le ramasse discrètement (Mes Objets, page 196). Moi qui voulais parier…

III – Rien à signaler.

4. Cabine de TSF

La porte indique clairement : TSF – INTERDIT AU PUBLIC. Bon, j'ai le télégramme mystérieux de mon oncle, et puis c'est l'officier lui-même qui me l'a proposé ! Je frappe à la porte et j'entends un lointain « Entrez ». D'une foulée, je passe le rebord de la porte aux coins arrondis. Le télégraphiste est assis à son poste, dos à moi, son casque sur les oreilles. L'extraordinaire machine de fils et de câbles grésille. Je suis fascinée. L'homme écoute et retranscrit au fur et à mesure sur une formule devant lui, du bout de son crayon. J'attends patiemment, pour ne pas le déranger.

Lorsqu'il a terminé, l'officier se tourne vers moi : je le reconnais, c'est lui qui m'a apporté le radio-télégramme codé d'oncle Sylvanus. Je louche sur son insigne barré d'un ⚡ sans parvenir à déchiffrer son nom. C'est un bel homme moustachu, jeune, la trentaine à peine. Je lui trouve une ressemblance avec Conan Doyle, l'auteur de *Sherlock Holmes*. La moustache et l'œil intelligent y sont pour beaucoup.

« Oui, Miss ? dit-il en souriant. C'est pour vot' **M**essage, ou bien vous avez un souci avec aut' chose ? Dites-moi c'qui vous préoccupe ! »

J'ai peut-être remarqué des mots avec la première lettre en gras : je peux en parler à l'officier TSF en me rendant à la Conversation portant la même lettre (page 226).

« Vous z'êtes pas la première à venir discuter, Miss. Les dames viennent assez souvent m'poser des questions à longueur de traversée ! Et est-ce que la TSF c'est magique, et est-ce que c'est Jules Verne qui l'a inventée, et est-ce qu'elles peuvent recevoir des nouvelles d'leur bon ami sans que leur mari le sache ?! »

Quand j'ai abordé tous les sujets, je sors avec un sourire malicieux. Suis-je plus avancée ? Mais je peux toujours revenir plus tard, si j'ai autre chose à demander.

I – L'homme éclate franchement de rire, les larmes aux yeux : quand il racontera à ses collègues qu'une gamine a tenté de l'acheter ! Je conserve mon jeton, à défaut de mon amour-propre.

II – L'officier ne comprend pas vraiment pourquoi je lui tends cette carte. Je la range. Si je veux progresser, il va peut-être falloir que j'arrête de tenter des choses au hasard.

III – Malgré son parler un peu rustique, l'homme est un gentleman. Il accepte dignement l'épingle que je lui tends (il m'en reste d'autres) sans paraître s'en étonner, puis il rajuste son casque : il a du travail. Ma tentative n'a rien donné. Je peux aborder un nouveau sujet de conversation, ou partir.

5. Passerelle

J'étais déjà entrée ici, lorsque le capitaine nous avait fait visiter les premiers jours, histoire de nous occuper, nous, les pauvres passagères. Une sorte de visite guidée un peu niaise : oh regardez comment je pilote un énorme engin, avec des cadrans et des manettes compliquées partout ! Je me rappelle son air surpris quand j'avais demandé à quoi servait le répétiteur de la machine. Bon, j'exagère un peu, le capitaine est dans son rôle. Même si les officiers de quart font l'essentiel du travail – le point de midi et les ordres aux machines –, en dernier ressort le capitaine est seul maître à bord… et seul responsable en cas d'incident.

Je trouve le capitaine sur la passerelle avec l'un des seconds. Il n'est pas étonné de me voir ici. Les passagers le laissent rarement tranquille, et la courtoisie fait partie de son rôle. Je l'aborde l'air de rien :

« Alors, on arrive demain midi, comme prévu ?

– Non, Miss : le vent qui souffle de l'est a favorisé la marche. Nous avons gagné plusieurs heures sur l'horaire prévu. Mais je suis sûr que ce n'est pas de cela que vous êtes venue me parler… »

Je rougis. J'avais dans l'idée que Miss Killjoy était venue confier mon **P**asseport à l'un des officiers de quart.

« Heu… figurez-vous que Miss Killjoy, ma dame de compagnie, m'envoie récupérer des papiers qu'elle vous a confiés, car, car, heu, on va

débarquer aussitôt que possible et… nous ne voudrions pas vous déranger. »
Il éclata d'un rire sincère. Je sens l'échec de ma ruse grosse comme un paquebot.
« Enfin, Miss Chaterwood, vous pensez bien que votre tutrice m'a prévenu de la situation ! Elle se doutait bien que vous alliez tenter quelque chose. C'est extraordinaire, vous ne faites décidément jamais ce qu'on vous demande ! Allez, sortez maintenant. Votre passeport est en lieu sûr, au coffre, dans ma cabine ! Il ne craint rien et vous non plus, tant que vous resterez sagement à bord, avec les adultes qui sont responsables de vous. C'est incroyable quand même… Jamais vu une telle effronterie… »
L'officier de quart nous regarde alternativement, le capitaine et moi : il n'a pas l'habitude de voir son supérieur sortir de ses gonds, c'est dire. Je m'éloigne rapidement de la passerelle, mais je l'entends encore marmonner dans sa barbe : « C'est extraordinaire… Ah là, là, là, incroyable… »
Bon sang, quelle honte ! Mais j'ai appris où se trouve mon passeport : je peux ajouter le lieu **6**

sur mon plan du navire, près de la passerelle **5**, et m'y rendre discrètement.

I – Parfois, la solution est sous nos yeux. Je me dis que cette année et ce numéro de brevet forment six chiffres, alors je tente ma chance. J'ajuste les cadrans. Le son des rouages à l'intérieur est amusant. Mais le coffre ne s'ouvre pas lorsque je tourne la poignée.

II – Je tourne les trois cadrans. C'était logique, un problème banal de cours de mathématiques : l'âge du capitaine ! Le croupier m'a parlé de son anniversaire aujourd'hui. L'officier radio m'a laissé entendre quel âge cela lui faisait : deux fois l'âge de la majorité. Vingt et un ans, comme me l'a rappelé le barman. Fois deux, quarante-deux. La date d'aujourd'hui était indiquée par l'éphéméride. Une soustraction, et voilà ! Le coffre est ouvert. De l'argent, des boîtes à bijoux, et une pile de passeports confiés par les passagers. Je ne suis pas une voleuse, je trouve le mien (Mes Objets, page 196) et je remets tout à sa place. **Je lis la Conversation X**.

III – Je tourne les cadrans avec application. Le bruit du cliquetis du mécanisme ajoute du suspense. Arrivé à la combinaison de mon anniversaire, j'essaie d'ouvrir. Fermé. Je ne sais pas par quel raisonnement logique j'ai pu imaginer que la date de mon anniversaire aurait pu intéresser le capitaine...

6. Bureau du capitaine

Ce lieu ne figure pas sur le plan du navire. Je ne peux le visiter que si le texte m'y a invitée.

Je frappe d'abord. Parce que je suis une jeune fille polie et bien élevée, vous savez. Pas de réponse. J'entrouvre la porte avec précaution. Personne. Le bureau du capitaine est beaucoup plus spacieux que notre cabine ! Quel luxe. C'est aussi un lieu de vie : un lit-couchette confortable, une lampe de chevet et un livre, *Moby Dick*, de Melville. Côté bureau, des cartes. Et un **C**offre-fort ! L'endroit parfait pour garder des papiers… Il est encastré dans la cloison d'acier, personne ne va partir avec. Comment ça marche ? Une poignée. Trois cadrans numérotés de 00 à 99. Eh bien, ça fait un tas de combinaisons possibles, ça ! Si j'étais bonne en mathématiques, je saurais dire combien. En dessous, une plaque en laiton qui donne la marque et l'année du modèle :

Ah, les fabricants, ils aiment toujours clamer haut et fort qu'ils ont des agréments, des brevets, et tout ça. Ça met le client en confiance. Et quand on achète un coffre-fort, la confiance, c'est l'argument de vente ultime.
Je regarde autour de moi... Le bureau, des papiers, un compas, une clé, un sextant... Heu, une clé ? Elle est attachée à une étiquette rouge sur laquelle sont inscrits PASSE et un numéro effacé. Un passe, voilà ce qui manque quand on veut s'échapper de sa cabine. Mais je me demande si la présence de cette clé n'a pas un autre sens... Bien sûr, elle n'ouvre pas directement le coffre, ce serait trop facile : il n'a pas de serrure. Quoi d'autre encore ? Une photographie encadrée du capitaine, tout jeune en uniforme avec une date, 5 mai 1910, l'année où il est sorti diplômé de l'école navale.
Bon, si je veux récupérer mon passeport, il me faut trouver la combinaison. Je peux toujours faire plusieurs essais, ça ne va pas exploser si je me trompe. Enfin, j'espère !
Je ne peux pas aller plus loin avant d'avoir ouvert le coffre pour récupérer mon passeport, mais je peux retourner visiter les lieux 1 à 5 en

02 88 94
"CHUBB & SONS – LONDON"
BREVET N°35 – 1920

quête d'informations, ou interroger à nouveau les membres d'équipage.

I – Je tourne les cadrans et je les ajuste pour former la combinaison suggérée par la photographie. Ça me semble une bonne idée. Mais ça n'ouvre pas le coffre. Bien essayé ! Trop évident peut-être.

II – Allez, c'est parti. Je me sens comme Arsène Lupin, le gentleman cambrioleur, c'est excitant. Je tourne les trois cadrans pour entrer la date d'aujourd'hui. Bof. Aucun résultat.

III – Parfois, la solution est sous nos yeux. Je me dis que ce numéro de brevet et cette année forment six chiffres, alors je tente ma chance. J'ajuste les cadrans. Le son des rouages à l'intérieur est amusant. Mais le coffre ne s'ouvre pas lorsque je tourne la poignée.

Chapitre 2
LE CAMP SYLVANUS

Je ne commence ce chapitre (lieu 7) que si j'ai récupéré mon passeport à bord et franchi la douane.

7. Sur le quai

Enfin libre ! Je cours comme une folle sur le quai. Belize-City me semble minuscule par rapport aux immenses ports d'Angleterre. Il fait chaud et je calme vite ma course pour éviter de me mettre en sueur. Personne ne fait attention à moi. Les Indiens affalés contre les caisses ne manifestent aucune curiosité à mon égard. Tout est paisible, ronronnant. La cité portuaire est à peine plus grande qu'une ville de province d'Angleterre, pourtant c'est la capitale. Aucun bâtiment colonial ne dépasse trois étages. En revanche, les maisons affichent des couleurs – rose, jaune, bleu – vives et

plaisantes. Je sens l'odeur exotique des fruits et des épices. C'est le paradis pour moi. Me voilà libre, adieu Miss Killjoy et tous les rabat-joie du pensionnat !
Une minuscule valise à la main, je tourne sur les quais. Ce n'est qu'à ce moment que je me rappelle que le premier radiotélégramme de mon oncle n'a pas spécifié où le guide maya me trouverait...
« Miss Emily ? »
Je regarde par-dessus mon épaule en direction du steamer. Sur le pont des premières classes, appuyé à la rambarde, M. Guède est penché, la main en visière sur le front. C'est lui qui vient de m'interpeller. Il plisse les yeux dans le soleil du matin.
« Emily Chaterwood ? C'est vous en bas ? » lance-t-il encore, incertain.
Vite, je me jette dans un coin d'ombre derrière les piles de ballots et de bagages ! Je dérange plusieurs Indiens qui conversaient doucement, assis en tailleur derrière le rempart de caisses. Pas fâchés, ils m'accueillent en riant. Plusieurs sont en bras de chemise – sans doute des dockers – mais deux ou trois sont vêtus à

l'occidentale. L'un de ceux-là me dévisage avec un sourire – un homme âgé, aux traits burinés et au regard clair.

« Cet homme sur le bateau vous cherche, *señorita*, dit-il d'une voix douce. Vous vous cachez ?

– *Si, señor*. Je ne veux pas tomber entre les pattes de ce Français ! »

L'Indien me dévisage sans rien dire.

« Un homme devait m'attendre, un guide maya, envoyé par mon...

– Par votre oncle, coupe le vieil homme. L'archéologue.

– Oui ! Comment le savez-vous ? C'est vous ?

– *Tal vez si, tal vez no* – peut-être que oui, peut-être que non. Dites-moi, Miss Chaterwood, comment s'appelle-t-il, ce guide ? Si vous êtes bien celle que vous dites... »

Je me mords les lèvres. M. Guède s'est tu. Il est peut-être allé chercher son passeport dans sa cabine, mais il ne va pas tarder à descendre sur le quai...

Je ne peux pas aller plus avant tant que je n'aurai pas répondu à la question du vieil Indien, en me rendant à la Conversation désignée

par l'initiale du nom du guide maya. Vite, le temps presse !

I – Rien à signaler.

II – Rien à signaler.

III – Rien à signaler.

8. Vers le camp Sylvanus

Je ne peux lire ce qui suit que si une Conversation m'a envoyée ici.

Les eaux vertes clapotent sous les coups de pagaie. Devant la proue de la pirogue, le rideau de verdure s'écarte doucement alors que nous avançons à contre-courant. Je force sur ma pagaie pour garder le même rythme qu'Iktan. On entend des oiseaux voler entre les branches, loin au-dessus de nous. La végétation dense forme comme un berceau au-dessus du fleuve, percé ici et là de rayons de lumière teintés d'émeraude. Des paillettes dorées dansent sur l'eau à l'aplomb des trouées, et parfois on aperçoit l'éclair d'argent d'un poisson qui disparaît aussitôt.

Cela fait plusieurs jours que nous remontons le cours du fleuve Belize. Parfois le fleuve croise une rivière ou se divise en plusieurs bras sans que rien n'indique la bonne direction. Iktan relève la tête et écoute pendant une minute entière, silencieux, humant l'air. Puis il pointe du doigt l'un des canaux envahis de végétation et reprend calmement sa pagaie. Il n'a que cinq ou six ans de plus que moi, et avec sa silhouette mince et nerveuse, il ne ressemble pas vraiment à un explorateur ! Mais il connaît son pays et possède un solide instinct. Pour le moment, il ne nous a encore jamais égarés dans un bras mort du fleuve. Je ne l'ai jamais vu consulter un plan ni même une boussole depuis notre départ !

Pas besoin de boussole pour passer au lieu 8 bis : le bivouac.

I – Rien à signaler.

II – Rien à signaler.

III – De l'eau, de l'eau et encore de l'eau. Rien à trouver ou à voir.

8 bis. Bivouac avant le camp Sylvanus

Quelques jours ont passé. Nous campons dans une éclaircie de la forêt, sur la rive. La pirogue a été tirée au sec et couverte de feuillages. Plus loin sur le fleuve, on distingue une île allongée entre deux bras d'eau. Un bon feu flambe au centre de la petite clairière au bord de l'eau. Assise sur mon poncho, je dévore littéralement ma tortilla enveloppée de feuilles.

« La jungle est comme le fleuve : toujours en mouvement, m'explique l'Indien. Il faut savoir observer. Aussi sûr que le soleil se lève à l'est et se couche à l'ouest.

– Humch... [je déglutis]. On est encore loin ?

– Non, tout près ! Ce sentier mène au camp Sylvanus, à une heure de marche. »

Il désigne une trace noire qui s'enfonce dans le dédale du sous-bois.

« Tu as l'air inquiet, Iktan. »

Je suis depuis longtemps passée au tutoiement, mais le Maya persiste à m'appeler « Miss ». Il y met le même entêtement qu'à garder son grand chapeau blanc vissé sur la tête !

« C'est vrai, Miss Emily. La situation était tendue sur le chantier de fouille, quand je suis parti. Mister Chaterwood a fait une découverte importante. Comme je vous l'ai dit, il a peur qu'un ou deux ouvriers informent son rival, qui semble prêt à tout pour voler ses découvertes, sa gloire... et l'argent, surtout. C'est pour ça que Mister Chaterwood cache le journal où il note ses travaux les plus importants. Juste avant que je parte vous chercher, il y a deux semaines, il était très excité et m'a parlé d'un autre site de la région... »
Je repense au radiotélégramme qui annonçait une IMMENSE DÉCOUVERTE.
« Votre oncle voulait partir en éclaireur avec quelques hommes avant votre arrivée. Il a précisé que, s'il n'était pas de retour à temps, il vous laisserait les moyens de le retrouver. J'aimerais que nous soyons déjà au chantier.
– Oncle Sylvanus a peut-être lu dans les hiéroglyphes de pierre la position de cet autre site ? »
Iktan se déride en m'entendant. Apparemment, j'ai dit quelque chose de drôle !
« Personne ne sait plus lire l'écriture sacrée de mon peuple depuis au moins deux cents ans, Miss Emily ! Depuis que les conquistadors espagnols

ont forcé nos scribes à écrire comme eux. Nos anciens ont oublié qui régnait du haut des pyramides de pierre ! Pas d'écriture, pas d'Histoire. Il ne nous reste que quelques légendes du passé.
– Pourtant, j'ai lu dans l'*Encyclopædia Britannica* qu'on comprenait certains signes, dis-je, têtue.
– Les noms des dieux et des astres, quelques chiffres. Mais si vous voulez jouer les déchiffreuses, essayez avec ça. »
Il désigne un bloc taillé, renversé tête-bêche et tant couvert de mousse que je ne l'avais pas remarqué. Je n'en crois pas mes yeux ! Me voilà à genoux devant la pierre. Je suis du doigt les circonvolutions des symboles taillés, à peine érodés par les siècles.

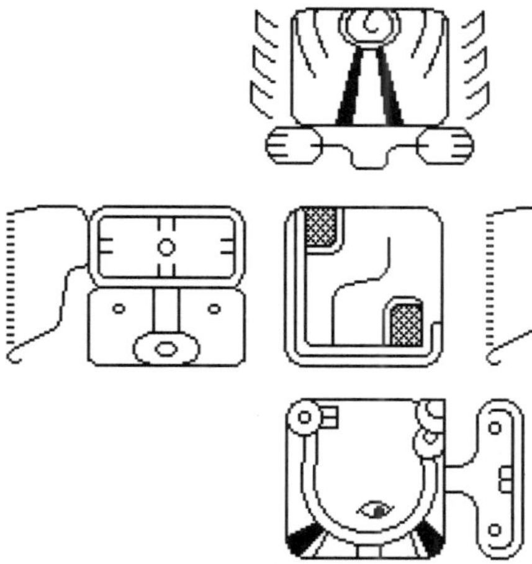

« Nos anciens disent que tant que ces signes seront là, les Mayas n'auront jamais besoin des cartes des étrangers pour distinguer la bonne direction », précise Iktan.
Ces glyphes sont fascinants. C'est tellement excitant de voir en vrai ce que je ne connaissais jusque-là que par les livres ! Quand j'aurai fini mon examen, je suivrai la sente avec l'Indien en direction du camp de fouilles.
Je découvre le lieu 9.

I – Ce n'est pas le bon symbole, mais ça marche tout de même. Je lis le **II**.

II – Du bout de la truelle, je tâte le terrain... L'outil pointu touche bientôt une surface dure. Mes mains tremblent un peu alors que je déterre une boîte en bois portant la marque Kodak. En dessous, un carré de vêtements tachés de terre... Une lourde odeur me fait plisser les narines. Iktan m'observe à quelques pas et ne fait pas un geste. Je préfère refermer précipitamment le trou au pied de la stèle sans chercher à déterrer en entier le malheureux photographe ! Mon guide ouvre alors doucement la boîte qui contient un appareil à la lentille cassée et une bouteille de verre brun bouchée à l'émeri. Du magnésium ☼ pour le flash, à en croire l'étiquette (Mes Objets, page 198). « Notre photographe était un homme délicat, dit Iktan. Il a sans doute attrapé une maladie de la jungle. N'imaginez pas des choses, Miss Emily. »

III – La clairière du bivouac n'est pas si loin du camp. Le Maya et moi ne trouvons aucun message peint en blanc sur la pierre au bord du fleuve. Mais je remarque un éclat doré entre les feuilles : un drôle de bijou en forme ☽ de croissant. Si c'était de l'or ? « Non, Miss Emily, sans doute du cuivre. Peut-être une pièce de monnaie découpée pour en faire un pendentif. Ça ne vaut rien. » Qui est venu ici, qui a perdu cette breloque ? Cet objet biscornu a-t-il un lien avec oncle Sylvanus ? Mystère. Je fais tourner entre mes doigts l'étrange croissant doré avant de le glisser dans une poche de mon poncho (Mes Objets, page 197).

9. Camp abandonné

Une heure plus tard, nous arrivons aux abords du campement. Je vois tout de suite qu'Iktan est inquiet, aux aguets. Il presse le pas. Sous son chapeau clair, son visage se durcit.
« Qu'y a-t-il ? je demande.

– Le chantier est trop silencieux. On devrait entendre les ouvriers et sentir la fumée des feux. »
Durant ces quelques jours dans la jungle, je me suis habituée aux sons des oiseaux et aux bruits autour de nous. J'avais oublié le son des activités humaines. Alors que la jungle s'éclaircit devant nous, l'inquiétude du Maya grandit. Personne ! Le camp est désert, dominé par une colossale pyramide à étages couronnée de pierres brisées. Le chantier de fouilles a été abandonné ! Il reste des outils, des foyers éteints, des échafaudages près d'une forêt de colonnes au pied du monument.
Iktan fait le tour du campement en criant pendant que je me dirige vers un bâtiment bas, ouvert sur la sente qui donne sur le fleuve et le bivouac. L'ouverture est une voûte en V inversé, typique des anciennes structures mayas. Pas une voûte comme celles des églises de chez nous. Juste des murs de plus en plus épais qui convergent vers l'intérieur et le plafond, se rejoignant presque en haut. Mais c'est tout de même impressionnant. L'intérieur forme un abri propre, sec et plutôt

confortable. Un hamac traditionnel indien aux motifs vivement colorés – vide – est pendu près d'un bureau fait de quelques planches sur des tréteaux. C'est là qu'oncle Sylvanus a habité ces derniers mois.
Personne ici, personne dans le camp. Mon oncle et ses ouvriers ont disparu ! À voir la grosse branche droite calée entre les parois où pend encore un peu de linge, hors de portée des scorpions qui aiment se faufiler durant la nuit, on pourrait croire qu'il vient juste de s'absenter… Mais non. La théière en métal cabossée et les gobelets sont recouverts d'une légère couche de poussière terreuse, de même que l'encrier sur le bureau de fortune. Des bottes hautes traînent dans un coin, entre des trépieds et des outils de géomètre pour les relevés. Un pot de terre cuite repose sur le sol, le fond recouvert d'une croûte blanchâtre, comme de la peinture. Quel mystère ! Mon oncle doit encore se trouver sur le second site, mais pourquoi n'y a-t-il aucun ouvrier ? Pourquoi cet abandon ?
Étalée sur le bureau de fortune et maintenue par quatre pierres, une carte du camp Sylvanus. On y voit le tracé précis de chaque bâtiment.

E
M
11
9
10
12
Choisis l'astre le
plus sinistre. SCC
L
Y

Iktan me rejoint.
« C'est ici que votre oncle travaille et se repose. Mais le journal où il garde ses découvertes n'est plus là ! Un grand cahier de cuir brun… Il craignait les vols et les espions, juste avant que je parte vous chercher au port. Et je n'ai vu aucun ouvrier. Je crains le pire pour Mister Chaterwood !
– S'il avait simplement emmené ses hommes et ses notes avec lui en partant vers le second site ?
– Non, répond Iktan. Il n'aurait pas risqué de perdre son journal dans la jungle, et il aurait laissé un ou deux hommes au camp. Votre oncle m'a dit qu'en cas de nécessité vous sauriez retrouver ses papiers et dire par où il est parti. Son journal doit encore se trouver ici, caché quelque part pour éviter que des espions de Hedges le trouvent. Et ce ne sont pas les cachettes qui manquent !
– Mais alors il m'aurait laissé un message, un indice…
– Il l'a peut-être fait, enfin je l'espère. Je ne vais pas retourner chaque pierre et chaque plante du camp avec vous ! »
Mon regard tombe alors sur le bureau et le document poussiéreux.

J'observe le plan et je choisis quels lieux visiter. La clairière du bivouac reste accessible.

I – J'ai un début de bonne réponse, mais ce n'est pas encore ça.

II – Rien à signaler.

III – Sur un pan de mur à l'extérieur, un symbole sculpté représente un crâne couronné par des formes entortillées. Tout autour du vestige, des lettres modernes ont été tracées avec une peinture blanche à demi effacée par la pluie. Je parviens à déchiffrer : *Celui qui n'a aucune dent*. Iktan secoue la tête.

10. Hutte des ouvriers

Cette cabane a été fabriquée avec des troncs de palmiers et recouverte de leurs feuilles en guise de toit, comme l'ont sans doute fait les paysans mayas durant des siècles. Les ouvriers qui logeaient là sont d'ailleurs certainement des Mayas eux-mêmes ; ce peuple s'est dispersé dans la région après la conquête espagnole et a conservé les habitudes ancestrales.

Je trébuche à l'entrée de la longue paillote : dans la pénombre, je n'avais pas remarqué le plancher surélevé d'un pied !

« C'est à cause des eaux, explique Iktan. Il peut tomber plusieurs pouces d'eau en une heure, parfois ! Il a dû pleuvoir d'ailleurs, je ne vois aucune empreinte… »

Impossible alors de savoir par où les hommes sont partis. Tout en m'aventurant à l'intérieur, je me dis qu'une lampe serait bien utile…

Des rangées de paillasses vides, couvertes de quelques étoffes malpropres. Des malles en désordre jetées contre les murs, certaines ouvertes. Les préfètes de discipline du pensionnat, si sévères à l'inspection des dortoirs, en auraient perdu leur latin et leurs pensums… Je ne touche pas les affaires des ouvriers. J'aperçois ici et là un roman corné au titre en espagnol, une lettre d'une bonne amie, des habits rapiécés. Pas d'outils, et surtout aucun des nombreux ouvriers qui habitaient là il y a encore quinze jours ! Le jeune assistant fait moins de manières, il retourne rapidement quelques malles en grommelant.

Soudain une forme grise se dresse dans un coin de la hutte, à quelques pas de nous. Surpris, Iktan reste pétrifié, un sac de linge à la main. Moi, je me jette en avant sans réfléchir !

« *Ay !* »

L'homme se retrouve catapulté dans un coin, les mains sur le ventre ! Et moi par terre, la tête douloureuse. Les Chaterwood sont de vraies têtes de bois et celui-là vient d'en faire l'expérience. Iktan s'interpose entre l'intrus et moi.

« Mais c'est Sancho, l'un des ouvriers ! *Que haces aqui ?*

– *Nada, señor Iktan* !

– Ça ne va pas, de nous faire une frayeur pareille ? le harcèle le jeune Maya. Où sont tous les autres ? Et le *señor* Chaterwood ?

– Plus là, plus personne ! Depuis que vous êtes parti, la *maldición* sur le camp ! D'abord ce mur plein de têtes de la mort que le *señor* il nous a fait creuser autour, même que je l'ai prévenu que c'était un malheur, mort de mes os ! Et puis après ça, la maladie du photographe, et la pluie d'enfer pendant trois jours. Les Seigneurs de la Nuit nous ont maudits !

– Qu'est-ce que tu racontes avec ta malédiction ? s'agace Iktan. Où sont les autres ? Et tu faisais quoi, là ?

– Une nuit ou un matin, tous partis ! Sancho tout seul. La *maldición* sur le camp, je vous dis ! Je me suis caché… Et puis je vous ai entendus… »

L'ouvrier est manifestement mort de peur et délire à propos de ruines maudites et de dieux en colère. Impossible d'en tirer des informations claires pour le moment. Il reste prostré dans le coin de la hutte et frotte encore son ventre endolori en marmonnant : « *La maldición, la maldición.* » À son cou pend un cordon de cuir qui avait peut-être servi à retenir quelque chose. Son maillot de corps malpropre porte son initiale, la lettre **S**. Sancho ne bougera pas de là durant notre exploration des autres parties du camp indiquées par le plan d'oncle Sylvanus, et il est possible de lui parler à tout moment (Conversation **S**, page 246) ou de lui montrer un objet (Combinaisons, page 205).

I – À l'endroit indiqué sur le plan par le *i* manquant de mon nom, se trouve un petit abri en bois. Qu'est-ce que mon oncle veut que j'y trouve ? Les ouvriers y rangeaient du matériel. Des outils grossiers qui servent à défricher la végétation qui recouvre les ruines, des leviers et des coins en bois. Aucune pelle. Au fond, je trouve enfin un étui fermé par des cordons. Sur le cuir, les initiales de mon oncle ! Avec un cri de joie, je dénoue les cordelettes. À l'intérieur, une truelle pour les fouilles, des tiges et plusieurs pinceaux. L'un d'eux est taché de peinture blanche. Bizarre, on ne s'en sert pas pour peindre mais pour retirer la poussière ! Je note les outils d'archéologue ⚒ (Mes Objets, page 197).

II – « Les outils du *señor* Chaterwood ? Et après ? » marmonne Sancho avant de retomber dans sa prostration.

III – Une pierre plate repose sur un tas de cailloux près des huttes. Dessus, un visage de profil aux traits cadavériques... brrr ! Quelques mots à la peinture blanche : *Celui dont la bouche reste close*. Un indice, peut-être, mais incomplet !

11. Pyramide à degrés

Les colonnes millénaires se dressent de tous les côtés, fièrement dressées et alignées comme les troncs dans la forêt. Ici et là, on aperçoit encore des entrelacs de végétation que les ouvriers n'ont pas fini de retirer et de brûler. Et derrière les rangées de pilastres, la masse énorme de l'édifice. Je siffle d'admiration en levant les yeux sur les étages de pierre.

« Superbe, hein ? On a tous mis la main à la pâte pour dégager le site, même moi, même votre oncle, Miss Emily ! Des jours à arracher les buissons, puis la pelle et la brouette pour retirer la terre. Avant, on aurait dit…
– Une énorme colline. Une ruine revenue à la nature ! »
J'avance entre les sculptures à tête de serpent qui forment la base des troncs de pierre. Je me méfie un peu : des blocs massifs couronnent les piliers, assez gros pour nous écraser, mon guide et moi. Le sourire d'Iktan s'élargit.
« Ne vous inquiétez pas ! On ne risque rien, ces ruines ont résisté à la pluie, aux singes hurleurs et aux conquistadors ! »
Je pose un pied décidé sur la première marche de l'escalier qui mène en haut de la pyramide. Comme j'aimerais avoir un appareil photo pour immortaliser l'instant ! On n'est plus aux temps héroïques, où il fallait promener une tonne de plaques de verre et de produits chimiques dans la jungle, en croisant les doigts pour que tout marche ! De nos jours, un Kodak n° 1 ne pèse pas plus d'un ou deux kilos. C'est beau, le progrès.

Tout excitée, je continue à gravir la ruine en me prenant les bottines dans des lézardes ! L'escalier est traître et les marches sont hautes. De la végétation sort en touffes d'entre les pierres. J'ai l'impression de mettre mes pas dans ceux de mon oncle. Comme lui, je ne peux m'empêcher d'émettre une supposition après l'autre. Un château ? Les Espagnols ont bien appelé *castillo* certaines ruines ! Un observatoire astronomique, ici en pleine jungle ? Qui sait, les prêtres et les savants mayas maîtrisaient une écriture et des calculs que nous comprenons plus. Un temple ? C'est ce que tout le monde a l'air de croire. Ou bien un tombeau monumental, comme en Égypte... Du haut de ce monument, quarante siècles vous contemplent ! Non, moins : l'âge maya classique date d'avant l'an mil, je me rappelle encore l'article de l'*Encyclopædia Britannica*.
Enfin, le sommet ! Ici, je sens le vent frais qui balaie la cime des arbres. Au loin, une trouée zèbre la jungle d'un horizon à l'autre comme un serpent immense : les boucles du fleuve. Je respire l'air chargé d'humidité, l'odeur lourde de la forêt et la poussière soulevée par mes bottes.
La plate-forme est encore surplombée d'un portique et d'un bâtiment bas, une sorte de tour aux

murs sculptés de têtes d'animaux. La richesse de cet art me stupéfie encore. Je remarque d'ailleurs deux séries de glyphes particulièrement bien conservés sur un muret au bord de la plate-forme :

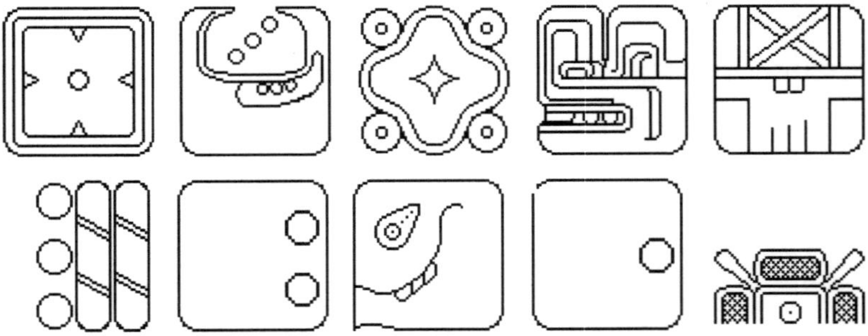

Les cartouches de la bande supérieure sont richement travaillés et portent encore quelques traces de couleurs, une par glyphe : jaune, gris, blanc, rouge, noir. Dans la bande inférieure, un glyphe moins travaillé a été placé sous chaque signe du haut. Je crois reconnaître certains symboles ! Iktan pose la main sur le glyphe en haut à droite.
« L'Arbre-du-Ciel, dit-il. La voûte céleste. C'est l'un des signes de l'ancienne religion. Nos anciens s'en souviennent.

– Et le signe en dessous ? »

Iktan fait un geste vague : il ne sait pas. D'ailleurs, il est davantage préoccupé par la disparition de Sylvanus et de son équipe. Le reste de la plate-forme de pierre est le royaume des lézards et des plantes grimpantes. Je n'y trouve aucun indice sur les recherches de mon oncle. Soudain, des cris retentissent : une volée d'oiseaux chamarrés émerge d'entre les branches dans la jungle. Quelque chose les a dérangés – quoi ?

I – La planète de la guerre, d'un rouge sang dans le ciel, la plus sinistre. Mais j'ai beau poser la main sur le sigle, le remuer, tenter d'y trouver un bouton secret, rien ne marche. Échec.

II – L'astre nocturne, quoi de plus sinistre ? Mais ce glyphe ne cache aucune alvéole secrète, aucun levier dissimulé, même pas un petit message secret. Iktan me regarde avec l'air de se moquer.

III – L'une des colonnes de pierre est différente des autres ! Elle n'est pas couronnée par un rostre en forme de gueule de serpent, mais par une tête de mort... À la base du pilier, on lit des mots tracés à la peinture blanche : *Celui dont l'œil porte la marques*. Le *s* en trop semble volontaire. Un indice laissé par mon oncle pour désigner quelque chose, mais quoi ?

12. Mur de crânes

Alors que d'autres endroits du camp ont été dégagés de leur végétation, ici je dois écarter les feuilles molles des palétuviers pour avancer entre les troncs et l'enchevêtrement des hautes herbes.
« Attention ! » avertit mon guide maya.
Je ris.
« Tu as peur des insectes et des serpents, Iktan ?
– Non, Miss Emily... Mais des *cénotes* s'ouvrent parfois sous vos pieds, couverts par les branches et les racines... Et plouf !
– Des cénotes ? je demande, en écartant une feuille collée à mon visage.
– Des trous au beau milieu de la jungle, parfois pas plus larges qu'une fissure. Ce sont ceux-là les plus traîtres. Et au fond, l'eau qui suinte à travers la roche, fraîche, pure et profonde... Les plus larges sont de vraies citernes où mes ancêtres puisaient, comme des villageois à la fontaine. »

J'ouvre la bouche pour répondre, quand soudain je bute sur quelque chose. Je crie en découvrant un empilement de crânes béants devant moi ! Iktan me rejoint aussitôt et pose sa main sur mon épaule, rassurant. Ce n'est qu'un mur de plus, un vestige dissimulé par les feuilles et les frondaisons. Sur la muraille se déroule une sarabande de faces grimaçantes, comme des masques au carnaval ! Chaque pierre porte un ou deux crânes gravés de profil. Ce monument a vu passer les siècles, et pourtant les blocs taillés sont encore parfaitement joints. On n'y ferait pas passer une feuille de papier. Je reste stupéfaite devant la majesté sinistre de cette ruine.
« Un autel de sacrifice...?
– Peut-être bien, Miss Emily. Certains archéologues croient que mes ancêtres adoraient pacifiquement le soleil et observaient le ciel pour prévoir la saison des moissons. Je n'en suis pas si sûr, comme votre oncle... Certaines légendes parlent de guerriers qui empilaient les têtes coupées de leurs ennemis, les perçaient de longues perches et dressaient ces *tzompantlis*, ces trophées, à côté des corps immolés aux dieux. »

Iktan a perdu son habituel sourire. Il passe la main sur les pierres froides où s'alignent les crânes sculptés pour célébrer une bataille oubliée.
« Quand les cavaliers et les conquistadors sont arrivés, il y a eu d'horribles mélanges de têtes blondes et de crânes de chevaux... Nos anciens l'ont entendu de leurs pères, qui le tenaient eux-mêmes de leurs pères, et les moines blancs l'ont écrit aussi. Ce mur célèbre une bataille d'avant la conquête. »
Une idée me vient en un éclair. Et si...
« Et si c'était ce mur de crânes sculptés, la fameuse découverte qui a tellement excité oncle Sylvanus ?
– Non, Miss Emily. Ce n'est pas le premier *tzompantli* découvert. Mister Chaterwood ne s'y intéressait pas beaucoup au moment où je suis parti vous chercher. Il était sur la piste de quelque chose d'autre. Et puis, il a laissé ces repères pour les ouvriers, ce n'était donc pas un secret. »
Le jeune Maya me montre du doigt les inscriptions tout autour du bas-relief, qui forment comme une anagramme fantastique. Ce qui est très possible, d'après ce que je sais de mon oncle. Espiègle comme un écolier, le professeur !

a.
z.
x.
m.
v.
h.
e.
x.
b.
v.

I – Iktan me retient avant que je commence à gratter tous les crânes de cette rangée avec les outils. Je ne sais pas ce que je fais !

II – Je tente d'insérer le médaillon dans les orbites de l'un des crânes en espérant déclencher un mécanisme. Mais évidemment, rien ne se passe ! Je lis trop de romans-feuilletons pour enfants pas sages.

III – Sur une pierre tombée d'un édifice voisin, une tête de mort grimaçante… et quelques mots à la peinture blanche ! *Celui qui n'a pas été fendu par l'éclair*. Un indice laissé par oncle Sylvanus, mais pour quoi faire ?

13. Stèle cachée

Ce lieu ne figure pas sur le plan. Je ne peux le visiter que si j'ai trouvé une solution qui m'y amène.

Je devrais remercier la directrice du pensionnat et ses pensums… sans parler de notre professeur de latin. « Choisis l'astre le plus *sinistre* », celui de gauche ! Pas sinistre dans le sens de « terrible ». « Sinistre » et « sénestre » viennent du même mot latin. En dessous du symbole de gauche, trois points et deux barres (deux fois cinq), donc treize en tout. Sans doute un calcul astronomique lié au soleil, dont je reconnais le symbole rayonnant. Je passe doucement la main sur le glyphe.

« Attention à ce que vous faites, Miss ! » prévient Iktan.

Mais je suis une petite effrontée, je ne l'écoute pas : je finis de retirer la poussière du bout du doigt, et voilà ! Un trou est apparu au centre du glyphe, par lequel filtre un peu de jour. Moi qui me disais que cet endroit devait servir d'observatoire ! Je me baisse pour placer mon œil contre la pierre froide. Et de l'autre côté...

« Qu'est-ce que c'est que ça, Iktan ? Là, entre les arbres ! »

Je me relève en pointant la direction du doigt. On le voit tous deux, à présent : une minuscule tache claire dans la jungle. Une clairière ! Elle ne figure pas sur le plan et nous ne l'aurions jamais découverte sans l'inscription laissée par mon oncle. Je dégringole les marches au risque de me rompre le cou, et je cours vers le rideau de végétation. Le Maya me suit de ses grandes enjambées souples.

Ce camp est un lieu de mystères, et la forêt qui l'entoure, un vrai décor de film d'aventures ! Sauf qu'Iktan et moi ne sommes pas en noir et blanc, à faire des sourires forcés et à gesticuler, avec nos paroles inscrites sur un carton entre deux scènes. Il n'y a même pas de pianiste derrière l'écran pour jouer la partition d'ambiance.

Ta-da !

Ça, c'est la partition qu'il aurait jouée. Le Maya vient d'écarter les feuilles comme un rideau, et la stèle est apparue au milieu de la petite clairière, nimbée de lumière par le soleil. Tout autour, des traces de terre remuée et de travaux, pas totalement effacées par la pluie.

« Une fouille que votre oncle a dû faire seul et en secret... Si les ouvriers étaient venus, on n'aurait eu qu'à suivre leurs traces à travers bois ! »

Des lianes mordent encore l'angle supérieur de la stèle, un ovale plat planté dans le sol. D'extraordinaires sculptures recouvrent toute la surface de granit, et même son épaisseur est décorée de glyphes carrés. J'imagine parfaitement oncle Sylvanus ici, en train de prendre des notes dans un carnet, prenant des mesures avec ses instruments ! C'est comme si j'étais avec lui... Comme s'il pouvait me parler.

Je me penche sur le bas-relief. Une silhouette, un homme debout, la tête coiffée d'un étrange couvre-chef qui ressemble à des serpents emmêlés. Sur son corps, des boucles et des fioritures formant comme un mystérieux message en caractères inconnus. Son visage est de profil, le nez épais, la bouche ouverte sur un chant. Une mélopée à un dieu ? Au-dessus de lui, une fumerolle à tête de serpent. La gueule est grande ouverte et quelque chose émerge entre les crocs. Le visage du danseur est levé vers un homme qui tente de s'extraire du ventre du reptile.
« Un esprit convoqué par la cérémonie du sacrifice, murmure Iktan. Il sort de la gueule du Serpent-d'En-Bas, ça veut dire qu'il vient du monde des morts.
– Comment le sais-tu ? je dis.
– Les légendes murmurées par nos anciens au coin du feu, elles n'ont pas changé depuis des siècles... Du moins c'est ce qu'ils disent...
– Ou alors, c'est juste quelqu'un qui se fait manger par un serpent, et son ami qui l'aide en tapant du pied ! »
Le jeune Maya éclate de rire en entendant cette histoire à la Rudyard Kipling. Puis il contourne la stèle et m'appelle.

« Regardez, Miss Emily ! »
Iktan pointe du doigt une inscription au revers de la stèle. De la peinture blanche, bien en évidence. Ce ne sont pas des symboles mayas, évidemment... Je reconnaîtrais ce code n'importe où !

Le jeune Maya passe son doigt sur la peinture et le renifle.
« De l'eau et de la chaux. On s'en sert pour marquer les secteurs à fouiller, ça n'abîme pas les monuments. La pluie l'a déjà à moitié effacée. Mais ce ne sont pas les marques habituelles pour guider les fouilles. »
Oncle Sylvanus a peint ce message pour moi, c'est évident. Il voulait que je découvre cette pierre sculptée. Pourquoi monter un pareil jeu de piste ? Iktan m'a bien dit que l'archéologue avait une haute idée de mon intelligence, mais je me demande si là, mon oncle n'a pas un petit peu exagéré.

Que voulait-il que je remarque sur la stèle cachée ?

I – Je saupoudre la stèle de poudre de magnésium, puis je demande à Iktan d'y mettre le feu. Il me regarde, surpris, puis obéit. Vlam ! Un violent flash éclaire la clairière. Les singes ont dû prendre un coup de soleil, sans parler des perroquets. En tout cas, cela n'a servi à rien. Heureusement il me reste encore beaucoup de poudre dans le flacon.

II – L'inscription autour du symbole araignée dit *Creuse*, alors je creuse. Sous le regard du jeune Maya, j'utilise la truelle pour dégager la base de la stèle. La terre est meuble, sans doute remuée par mon oncle puis remise en place. Je dégage un bas-relief représentant une jungle peuplée d'animaux dangereux... cachant une cité couronnée de pyramides ! Sous la fresque, six cavités carrées dans lesquelles sont placés six glyphes taillés dans une pierre verte et lisse. Du jade.
« C'est curieux, Miss Emily. Regardez ces traces sur les bords ! On a déplacé ces glyphes. Ce n'est pas leur ordre d'origine ! »
Mon oncle a bougé ces glyphes et voulait que je les retrouve, mais pourquoi ? Difficile de le dire sans son journal. Je recopie les six symboles de jade (Documents, page 217). Puis je

lève les yeux sur le message à la peinture blanche. Je me rappelle le pot taché de blanc près du bureau de fortune. S'il y avait d'autres inscriptions à la peinture, ailleurs ? Je peux lire le **III** des lieux que je (re)visite pour en savoir plus.

III – Dissimulé derrière quelques feuilles, un crâne grossièrement peint en blanc sur un coin de la stèle. Je me penche et je distingue ces mots : *Celui qui a la mâchoire droite*. Qui ou quoi ? Iktan n'en sait pas plus que moi.

Chapitre 3
DANS L'ENFER VERT

Je ne commence ce chapitre (lieu 14) que si j'y ai été autorisée après la lecture du journal de Sylvanus.

14. Clairière de la stèle cachée

Le crâne de cristal et le journal pèsent lourd dans ma besace, en plus de mes autres trouvailles et des outils. Iktan et moi avons regagné la clairière où se dresse la stèle cachée, à quelques minutes du camp. C'est ce monument qui a indiqué à mon oncle où se rendre, ce sera donc notre point de départ pour retrouver ses traces. Au-delà de la lisière des arbres, l'enfer vert. À des centaines de kilomètres à la ronde, la forêt vierge. Par où aller ? Sous la forme gravée au sommet, le danseur du bas-relief grimace comme pour me narguer ! On dirait Bret SaintClair sur le terrain de jeu. Mais nous sommes passés aux choses sérieuses, comme me le rappelle mon compagnon.

« Vous êtes sûre de vous, Miss Emily ?...
– J'aimerais te dire oui ! »
Iktan a compris qu'avec ou sans lui je partirai à la recherche de Sylvanus. Depuis l'épisode des quais, il sait de quoi je suis capable ! Tiens, qu'est devenu M. Guède, l'antiquaire ? Je chasse cette pensée.
« C'est dangereux, Miss. C'est la forêt vierge, la vraie. Et peut-être les hommes de Hedges sont-ils sur notre piste ! Si dans deux jours nous n'avons pas trouvé Mister Chaterwood, il faudra faire demi-tour. »
Il est grave. Le Maya est jeune, pourtant il porte de vraies responsabilités. Je pose ma main sur la sienne et je lui souris.
« Ne t'en fais pas, Iktan. On fera comme tu diras. »
Et contrairement aux promesses à la directrice du pensionnat, là je pense chacun de mes mots.
Le jeune homme se détend et sourit à nouveau. Il rajuste d'un geste son éternel chapeau et assure sa besace sur son dos. À l'intérieur du sac, des provisions pour quelques jours.
« Alors, en route ! Dans quelle direction est parti votre oncle, Miss ? »
Je ferme les yeux pour me rappeler le paysage aperçu du sommet de la pyramide.

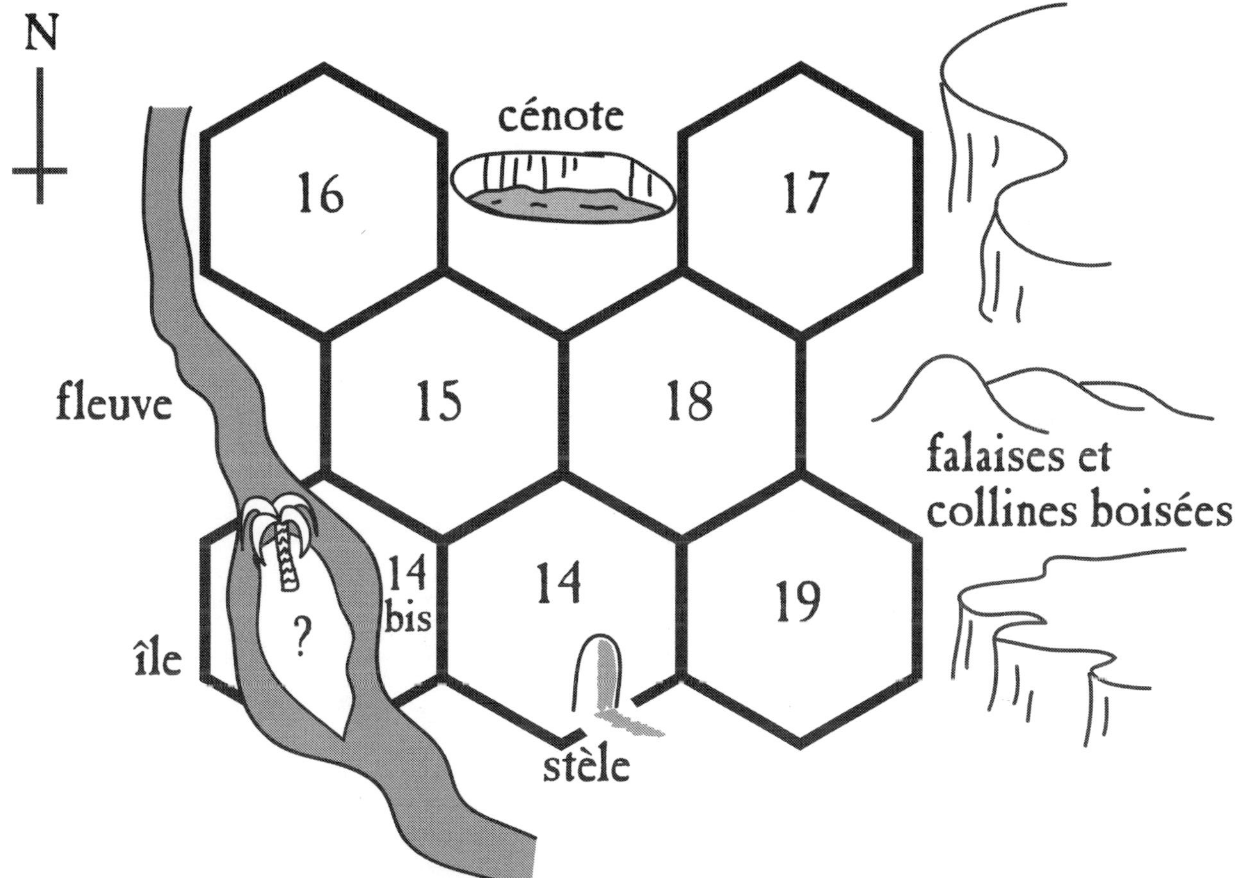
N
cénote
16
17
fleuve
15
18
falaises et
collines boisées
14
bis
14
19
?
île
stèle

La jungle s'étend loin vers le nord. À l'ouest, le fleuve déroule ses boucles et ses bras morts sous un berceau végétal sur des dizaines de kilomètres. Côté est, des hauteurs rocheuses bloquent la progression – sauf s'il y a une passe cachée. Le second site peut aussi bien se trouver dans une vallée que dans la jungle !

« Et puis il y a l'île, Miss. Celle qu'on a aperçue depuis notre bivouac.

– Tu ne crois tout de même pas que mon oncle...?

– Je dis juste qu'il y a une île. »

Iktan n'ajoute rien de plus. Je griffonne une carte sommaire de la région sur une page vierge du journal. **Je choisis vers quelle zone de la jungle je me dirige. Je ne peux accéder qu'aux zones adjacentes à celles où je me trouve. Je lis le descriptif de tout endroit traversé.**

I – Rien à signaler.

II – Rien à signaler.

III – J'ai déjà trouvé les inscriptions à la peinture blanche sur ce site.

14 bis. Pont de corde

Immédiatement à l'ouest de notre point de départ, le terrain s'abaisse et on entend le murmure du fleuve. J'avance d'un pas décidé et j'écarte le rideau de feuilles...

« Tu as vu ça, Iktan ? Un pont de corde ! »

Des liens tressés soutiennent un pont de vieilles planches. Au milieu des eaux boueuses du fleuve : l'île. La forme allongée évoque un galion échoué et envahi par la végétation. Les troncs plantés comme des mâts complètent l'illusion.

« Ce pont est là depuis un moment, Miss Emily. Ce n'est pas le travail de mon peuple. Peut-être le travail de pillards ou de trafiquants d'antiquités. »

Je sautille, enthousiasmée.

« Il y a peut-être d'autres ruines sur cette île, alors !

– Je ne pense pas. Enfin, qui sait ? De toute façon, ce pont est trop vieux, regardez. »

Il a raison. Les planches sont grises de mousse et les liens pendent lamentablement. Une bonne secousse et l'une des planches se détache. Un plouf ! étouffé et le courant l'emporte.

« Et si on prenait la pirogue pour visiter cette île, Iktan ? »
Le jeune Maya secoue la tête.
« Il faut la garder cachée pour notre retour. Sans elle, on serait coincés ici. Si vous trouvez un moyen de traverser ce pont sans risque, tant mieux. Sinon, il faut avancer. »
Pour une fois, je n'ose pas répliquer. Je dois faire confiance à mon équipier. D'ailleurs, mon oncle n'est certainement pas passé là. Pourtant, c'est tentant ! Qui a déjà vu une île sans trésor ?
Je jette un dernier regard avant de me détourner. Tiens, les fentes du bois semblent former de curieux dessins, presque des lettres. C'est sans doute un effet du hasard, enfin je crois !

I – La jeune femme secoue la tête. Elle ne voit pas plus que moi comment traverser.

II – Ça tangue de tous les côtés ! Je n'ose pas aller plus loin (sauf si je trouve une solution).

III – Ce n'est pas le bon endroit pour chercher des inscriptions à la peinture blanche !

15. Clairière aux coatis

La forêt se fait plus touffue et la chaleur, étouffante. L'air ici est dense et lourd. Tout autour de nous, de petits cris et des feuilles agitées trahissent la présence d'animaux. Le camp et ses pierres nues semblaient un lieu mort, mais ici, on est cernés par une vie frémissante. Des lézards filent sous mes bottes. Au moindre bruit, je lève les yeux, sur le qui-vive.

« Aïe ! »

Je viens de recevoir un caillou en plein front ! J'entends des galopades dans les grandes branches. Iktan est déjà sur moi, prêt à me protéger.

« Là ! je crie. Des petits singes ! »

Un animal au pelage clair a passé son museau pointu hors de sa cachette et nous surveille d'un œil rond. Il remue nerveusement sa queue bizarre décorée d'anneaux bruns. Une vraie peluche !

« Ce ne sont pas des singes, Miss : des coatis. Seuls, ils sont gentils, mais en groupe... Attention ! »

D'autres coatis surgissent du feuillage et se perchent sur les branches tout autour de nous. Avec de petits cris excités, ils commencent à

nous bombarder de morceaux d'écorce et de petits cailloux ! Re-aïe !
« Ils protègent leur territoire ! Vite ! »
Nous sommes forcés de faire demi-tour !
Tant que ces bestioles ✠ seront là, impossible de traverser cette partie de la jungle. Je peux seulement revenir là d'où je viens, ou tenter quelque chose.

I – Tatiana Kouriakoff jette un coup d'œil sur les branches et porte les doigts à ses lèvres. Un sifflement modulé, très aigu, s'échappe de ses lèvres. Aussitôt, les bestioles disparaissent dans le feuillage ! « Ça alors, comment avez-vous fait ? » je demande. La jeune Russe sourit. « Exploratrice doit savoir ce genre de choses » dit-elle, mystérieuse. Le **15 *bis*** est maintenant accessible.

II – Je tente quelque chose. À l'abri derrière un tronc, je verse un peu du magnésium de la grande bouteille dans un bout de papier que j'entortille. Iktan y met le feu, puis je lance le tortillon en direction des coatis. Paf ! Le flash de lumière ne fait que les rendre plus enragés. Les cailloux pleuvent de plus belle !

III – Je n'ai pas le temps de chercher des inscriptions à la peinture blanche, je fuis !

15 bis. Coatis partis !

Je ne lis ce passage que si j'ai trouvé comment chasser les animaux.

Comme par magie, les petits mammifères disparaissent des branches ! Les feuilles frémissent et on entend encore un petit cri agacé de temps en temps. Le Maya et moi pouvons fouiller tranquillement ce coin de la forêt vierge. Iktan me montre quelques branches brisées. L'équipe de mon oncle est passée par là !

« Ou ce sont juste les animaux », dit le jeune homme.

Pas très loin de là s'élève un amas de végétation, comme une butte recouverte de plantes. Je me rappelle les paroles d'Iktan au camp et j'écarte les tiges basses. Eurêka ! Les vrilles et les feuilles cachaient un monolithe recouvert de sculptures ! Les faces de pierre sont étrangement propres, comme si on les avait déjà dégagées il y a quelques jours.

« Tu as vu ? Quelqu'un est passé avant nous, c'est sûr !

– Mais comment ont-ils fait avec les coatis ?

– Un bon casque sur la tête et voilà ! » je lance.

Peut-être celui que le squelette du conquistador n'avait plus sur le crâne, justement...
Le Maya et moi nous penchons. Les glyphes que nous parvenons à déchiffrer ne ressemblent pas à ceux qu'on a pu voir au camp Sylvanus. Les dessins paraissent torturés, grimaçants. Un vent coulis venu du fleuve balaie soudain la jungle et refroidit l'atmosphère. Je pose le sac où se trouve le crâne de cristal et mes autres biens. Le journal de Sylvanus en main, je tourne autour du monolithe et recopie méthodiquement les glyphes. Ces signes sont très différents de ceux aperçus au camp : des têtes menaçantes dans des cartouches variés. Je ne pense pas pouvoir les déchiffrer, mais ils auront peut-être une autre utilité. On dirait qu'il manque un symbole.

Il est temps de quitter les lieux. Les coatis ne nous ennuieront plus à l'avenir. Nous pouvons revenir à la stèle et au pont de corde, ou gagner un secteur plus dégagé à l'est, ou une zone humide au nord.

I – « Vous avoir vu cela ? » Tatiana nous montre du doigt quelques cailloux colorés. Enthousiaste, Iktan est persuadé qu'il s'agit d'un indice capital. J'en suis moins sûre...

II – Les glyphes grincent alors que je les enfonce un par un au fond de leurs logements. Quelques claquements de mécanisme montent des tréfonds de la muraille... Je trépigne déjà de joie ! Puis les symboles se remettent en place lentement avec un bruit sourd. Je n'ai pas trouvé le secret du rempart aux blocs cyclopéens. Ce n'est pas la bonne combinaison.

III – Je retire méthodiquement tout l'humus et les traces de mousse. Je suis en nage. Mais rien, aucune inscription à la peinture blanche !

16. Cabane du vieil Indien

Entre les méandres du fleuve et les flancs abrupts d'un grand cénote se dresse une cabane aux murs d'écorce et au toit fait de feuilles de palmier, une excellente protection naturelle contre la pluie. L'habitation est perchée sur quatre pilotis hauts d'un pied, pour la mettre à l'abri des bêtes rampantes. À côté, sur un pan de terrain défriché, se tient un vieil homme coiffé d'un chapeau de paille qui a connu des jours meilleurs ! Son visage est tanné et usé par les ans. Il nous a entendus arriver, mais il continue son labeur comme si de rien n'était. Je m'avance pour le saluer, mais Iktan me retient.

« Patience, Miss Emily. Regardez-le travailler. »

Le vieil Indien fait un pas et fiche en terre un bâton à la pointe durcie au feu. Puis, d'un geste tranquille, il jette une graine dans le trou et tasse le sol du bout du pied. Puis il fait un nouveau pas et reprend les mêmes gestes, sans hâte. De temps en temps, il s'arrête pour tirer une bouffée de sa pipe en terre. Je remarque que le symbole ◈ est tatoué au dos de sa main. Enfin, il atteint l'extrémité de son champ et plante son bâton dans la végétation qui entoure le vaste cénote, près des outres et des cordes avec lesquelles il puise son eau.

« Maintenant », dit Iktan.

Nous nous approchons. Mon guide lance une salutation en dialecte maya, alors que Tatiana reste quelques pas en arrière. Le vieil homme à la face recuite par le soleil sourit avec douceur et répond dans la même langue. Puis il se tourne vers la Russe et enfin vers moi.

« Une petite fille, dit-il en anglais. Les missionnaires nous envoient des fillettes, maintenant ?

– Non, monsieur ! je réponds vivement. Je m'appelle Emily Chaterwood ! Iktan et moi sommes à la recherche de mon oncle, le grand archéologue. »

Iktan tousse, gêné. Je me demande si je n'ai pas commis une gaffe en parlant du métier de Sylvanus ! Les traits du vieil homme sont comme sculptés dans le bois. Il porte la main au fourneau de sa pipe et attend patiemment que j'en dise davantage. Tatiana me prend de court.

« Oncle de la petite, chercher ruines encore inconnues. Vous avez peut-être vu passer, oui ? Ou peut-être que vous connaissez ruines ! »

C'est le tout pour le tout ! Cet ancien est un descendant des Mayas : va-t-il accepter de nous révéler les secrets de son peuple ? L'homme s'accroupit et ramasse deux cailloux avec lesquels il joue. Il me regarde de ses yeux plissés, sans rien dire. Le temps commence à devenir long et le silence me pèse. Mais après tout, j'avais été obligée de rester muette pendant de longues et ennuyeuses heures d'études. J'ai bien des choses à apprendre de cet homme s'il accepte de me parler. Il finit par dire :

« Je vais t'enseigner ce que tu veux savoir, jeune curieuse. Mais avant, à toi de me dire quelque chose. Comme tous ceux qui ont franchi l'océan pour venir sur nos terres, tu es venue découvrir nos anciens temples et nos statues. Penses-tu que les tiens sont venus pour prendre (Conversation **Q**) ou pour apprendre (Conversation **G**) ? »

I – « C'est bien ce que moi, je pensais », dit Tatiana. Mes explications au vieil Indien concernant les recherches de mon oncle ne sont pas tombées dans l'oreille d'une sourde ! J'espère ne pas avoir commis un impair en révélant cela devant la Russe. Tatiana observe attentivement les lieux, commence même un croquis pittoresque de la cabane avec quelques pointes de pastel. Le vieil Indien fronce alors les sourcils et la foudroie du regard. La chercheuse range bien vite ses instruments et se tient coite !

II – « La feuille-des-ancêtres, dit l'Indien en reniflant le bouquet de fougères. Les Mayas en plantaient autrefois dans des lieux sacrés, et alors rien d'autre n'y poussait plus. Sa fumée chasse les esprits mauvais du monde d'en bas… et les serpents. C'est là une chose rare, petite fille. » Ce qu'il dit confirme ce que nous avons expérimenté.

III – Aucune trace laissée par mon oncle. Est-il effectivement venu par ici avec son équipe ?

17. Plaine des ossements

Avec la proximité du fleuve et du cénote, j'aurais pensé patauger dans des fondrières. Mais non ! En fait, toute l'eau reste en sous-sol. Ici, la roche affleure sous l'humus et les feuilles. Les arbres tropicaux s'espacent et le sol est parsemé de plaques rocheuses, comme les carapaces d'animaux gigantesques. L'air lourd et humide de la jungle est plus facile à respirer, mais chargé d'une odeur étrange, comme de la cendre. Malgré le chaud soleil, cet endroit me donne la chair de poule.

En avançant, j'entends de petits craquements secs sous nos pas. Je baisse les yeux et je remue la fine couche de terre du bout de ma botte. Des esquilles d'un blanc jaunâtre parsèment le sol.

« Des os, Miss Emily.
– Mais ce n'est pas possible ! D'où est-ce qu'ils viennent ? »
Le guide maya répond à voix basse.
« Des prédateurs, Miss. Un territoire de chasse... Heureusement, ces os ont l'air anciens. »
Pourtant, il faut avancer. Que faire d'autre ? C'est bien par là qu'oncle Sylvanus est passé, j'en suis sûre !
« Et pourquoi en êtes-vous si sûre ? demande Iktan.
– Il va toujours là où il y a du danger », je dis en souriant.
Mais je dois avouer que je ne suis qu'à demi rassurée ! Les derniers arbres s'évanouissent quand nous arrivons sur un pan de terrain nu et d'une blancheur aveuglante. Devant nous, un haut mur de pierres taillées a été édifié et semble s'étendre des falaises de l'est jusqu'à la végétation inextricable qui borde le cénote. Cet énorme rempart nous barre le chemin ! Les Mayas savaient cacher leurs secrets.
« Comment allons-nous passer ? »
Mon guide ne me répond pas. Il examine les glyphes sculptés en longues frises à mi-muraille. Ce sont les mêmes symboles étranges

et inquiétants que nous avons déjà aperçus dans la jungle, très différents des symboles de la pyramide du camp Sylvanus. Les têtes monstrueuses et les animaux grotesques semblent nous suivre du regard alors que je longe la base du mur jusqu'à parvenir devant une plaque de pierre d'un seul tenant, une fresque sculptée. Une porte monumentale ! Dans l'embrasure, j'étends les bras des deux côtés sans parvenir à toucher les deux bords. Qu'allons-nous trouver de l'autre côté ? Vu l'obstacle, certainement un site d'exception. Et mon oncle doit être le premier à le fouiller depuis l'époque des conquistadors ! Pas étonnant qu'il se soit autant méfié !

Je sursaute. J'ai entendu des craquements derrière nous ! Iktan est lui aussi aux aguets, balayant tous les alentours du regard. Une longue minute passe avant que nous osions respirer. Mon guide retire son grand chapeau blanc et s'essuie le front.

« Ce n'était rien, Miss. Mais comment votre oncle a-t-il passé cette porte de pierre ? S'il est vraiment passé par là ! »

Je réfléchis. Le dernier message de Sylvanus au camp nous indiquait quel trajet il comptait suivre, mais pas quoi faire face à ce rempart. Pour une fois dans ma vie d'écolière dégourdie, je ne sais pas quoi dire.

Si je ne suis décidément pas inspirée, je peux reprendre mon plan de la jungle.

I – Tatiana Kouriakoff s'est éloignée de nous et a tiré son carnet de croquis. « Vous avoir remarqué ça, oui ? » demande-t-elle en montrant un panneau du bout de son crayon. Ce sont des glyphes larges comme la main, à quelques mètres de la porte, plus bas que le reste de la fresque. Les symboles et les têtes de monstres sont encadrés de cartouches ronds, carrés, en triangle, etc. Iktan en caresse un du bout du doigt, et surprise : le cartouche bouge légèrement ! Le Maya en reste bouche bée.

« Il y aurait un mécanisme là derrière ? Ça fonctionnerait encore après tout ce temps ?

– Il n'y a qu'une manière de le savoir, Miss Emily. Essayer ! »

Je me penche à mon tour sur le panneau sculpté dans l'espoir de comprendre. Au terme de mon parcours dans cette jungle semée de stèles, quels glyphes géométriques presser pour ouvrir cette porte géante ? Et surtout dans quel ordre ?

II – Les glyphes grincent alors que je les enfonce un par un au fond de leurs logements. Quelques claquements de mécanisme montent des tréfonds de la muraille... Je trépigne déjà de joie ! Puis les symboles se remettent en place lentement avec un bruit sourd. Je n'ai pas trouvé le secret du rempart aux blocs cyclopéens. Ce n'est pas la bonne combinaison.

III – J'examine les alentours de la porte en espérant que mon oncle m'a laissé des indices à la peinture blanche. Mais rien !

18. Clairière du conquistador

L'air lourd a ici des relents de pourriture. Cette partie de la jungle est parcourue de sentes qui se croisent et se recroisent sous l'ombre des arbres exotiques. Une vraie toile d'araignée !
« Tu crois que des Indiens passent par ici, Iktan ? »
Le guide laisse voir le blanc de ses dents dans un sourire.
« Non, Miss Emily, on aurait déjà croisé leurs traces. Là, ce sont des passages d'animaux. »
Je pousse un léger cri. Le guide s'en amuse.
« Vous avez peur du grand méchant puma, Miss ?
– Non. Regarde ! »
Dans l'ombre, un crâne nous fixe de ses orbites vides ! J'ai un peu honte de m'être laissé impressionner et je m'approche aux côtés d'Iktan. Entre les hautes herbes repose un squelette complet,

encore vêtu d'une armure de conquistador. Le malheureux a été frappé par une maladie ou une flèche empoisonnée, et s'est traîné là à l'agonie, des siècles plus tôt. La jungle n'a pas encore avalé sa dépouille. Les restes du plastron sont constellés de rouille. Curieusement, le conquérant ne semble pas avoir de casque.

À côté du corps et couverts de terre, les restes d'une sacoche de cuir. Je l'ouvre avec précaution pour trouver le butin du conquistador...

« Wow ! »

Mon compagnon a réagi comme moi ! Le soleil accroche des reflets d'émeraude sur le splendide masque de jade maya (Mes Objets, page 200) ! Quelle découverte ! La bouche et l'orbite de l'œil gauche ont été évidées. Des traces de sang sont visibles sur le bord, comme si le mourant avait tenté d'y écrire quelque chose. Qu'est-ce que... ?

Je me penche pour lire le message...

« Attention, Miss ! »

Iktan m'a tirée en arrière et le masque m'échappe presque des mains.

Sssss !

Une tête pointue vient d'émerger en sifflant de la cuirasse rouillée. Un serpent corail ! Le reptile

déroule son corps rouge rayé de noir et de jaune. Effrayée, je trébuche et je tombe en arrière dans l'herbe... Mais je me relève d'un bon en entendant la végétation bruisser autour de moi. Ce coin de la jungle grouille littéralement de serpents !
« Vite, Iktan ! Fichons le camp ! »
Nous sommes forcés de faire demi-tour !
Tant que les serpents garderont le corps du conquistador, impossible de traverser cette partie de la jungle. Je peux seulement revenir là d'où je viens, ou tenter quelque chose.

I – Je regarde plutôt le **I** du **18 *bis*** pour savoir ce que Tatiana Kouriakoff observe.

II – Je prépare un tortillon de papier rempli de magnésium. Iktan l'enflamme. Je le lance en direction des serpents corail qui grouillent autour de l'armure rouillée. L'éclair de lumière en effraie quelques-uns, mais cela ne suffit pas à les faire disparaître. Raté ! Mais il reste pas mal de magnésium dans la bouteille.

III – Pas le temps de rechercher des traces de peinture, je fuis !

18 bis. Serpents partis !

Je ne lis ce passage que si j'ai trouvé comment chasser les serpents corail.

Cough ! Cough !

« Arrête de tousser, Iktan.

– Ce n'est pas moi, Miss Emily. »

Nous levons les yeux en même temps.

« Bonjour ! »

Une femme coiffée d'un casque colonial est assise sur une branche, au-dessus du squelette. Elle se retient d'une main et nous fait un signe de l'autre. Avec le sourire !

« Vous aidez moi descendre ? *Spasiba !* Comment on dit ? Je dois vous, fière chandelle ! Moi, Tatiana Kouriakoff ! Je dessine antiquités et monuments des Mayas.

– Seule ?

– Mon guide, fuir quand vu serpents ! Suis là-haut depuis... »

La Russe, car bien sûr c'en est une, a perdu son escorte mais a gardé sa bonne humeur. Sa poigne est ferme quand elle nous serre la main.

« Je dessiner ce squelette, vous voir ma planche à dessin. Quand reptiles sortir ! Bel

endroit, pas apprendre grand-chose sur Mayas, mais joli…
– Madame Tatiana, auriez-vous vu passer mon oncle ? je l'interromps.
– Oncle à vous ?
– Mister Sylvanus C. Chaterwood, l'archéologue, intervient Iktan. Avec ses hommes, il est venu du camp situé au sud d'ici pour gagner un autre… aïe ! »
J'ai fait taire le guide d'un coup de coude pas vraiment discret.
« Oncle Sylvanus a dû se perdre dans la jungle, il est si distrait !
– Camp j'ai vu avant-hier, mais personne, à part ouvrier tout seul qui dormait. Quelques croquis de pyramide j'ai fait, puis partir dans la jungle. Guide penser, ruines intéressantes pour moi par ici ! Accompagner vous, je vais, si vous être d'accord ! Jusqu'à ce que Sylvanus, retrouvé. Oui ? »
J'échange un regard avec Iktan. Tatiana Kouriakoff semble sincère. Difficile de croire qu'elle fait partie des espions de Hedges ! Mais qui sait ? Je serre plus étroitement mon sac contre moi. Pour le moment, je ne lui parlerai pas de la découverte d'oncle Sylvanus.

« Et si squelette, on regardait ? »
Iktan hoche la tête. Manifestement il est sous le charme de la Russe. Il prend de grands airs pour l'impressionner, on dirait Bret SaintClair ! Eh bien, en voilà deux qu'il faudra surveiller.
Un cénote s'ouvre au nord, au fond duquel clapote une eau verdie. On peut le contourner par l'ouest ou par l'est, ou encore gagner d'autres parties de la forêt, comme me l'indique le plan que j'ai griffonné un peu plus tôt.
Le coup d'œil exercé de la chercheuse permet désormais d'obtenir des infos supplémentaires sur les lieux (re)visités, en lisant le I.

I – « Homme mort venait peut-être de l'endroit où votre oncle, il va ! » glisse Tatiana Kouriakoff. La Russe a flairé quelque chose à propos du second site, merci Iktan. Tiens, mais oui ! C'est peut-être là-bas que le conquistador a trouvé le masque de jade ! « Vous avoir vu ça ? » ajoute Tatiana. Elle nous montre quelque chose derrière la cuirasse rouillée. L'homme s'était adossé à une pierre gravée que nous n'avions pas remarquée. Elle est sculptée de glyphes disposés en un grand losange (comme un cerf-volant) au lieu de la disposition habituelle en lignes. Très, très étrange.

II – Les glyphes grincent alors que je les enfonce un par un au fond de leurs logements. Quelques claquements de mécanisme montent des tréfonds de la muraille... Je trépigne déjà de joie ! Puis les symboles se remettent en place lentement avec un bruit sourd. Je n'ai pas trouvé le secret du rempart aux blocs cyclopéens. Ce n'est pas la bonne combinaison. Je crois que j'ai tout fait à l'envers.

III – Je ne remarque aucune marque blanche laissée par mon oncle.

19. Clairière ronde aux fougères

Après une longue marche entre des troncs serrés et frémissants de vie, la jungle devient plus clairsemée. L'air dense et lourd se fait un peu plus léger. Des traits de lumière dorée raient le sous-bois devant nous. Je presse le pas pour déboucher dans une clairière de forme parfaitement ronde.
« Tu sens ça, Iktan ? »
Autour du Maya et de moi s'agitent des fougères rousses. Elles bruissent dans les légers courants d'air. Un parfum un peu amer flotte, différent des relents de végétation et de bois pourri auxquels nous sommes habitués, mon compagnon de voyage et moi. Iktan fronce les narines.
« Je n'aime pas cette odeur. Et je ne connais pas ces plantes. »
Tiens, maintenant qu'il le dit, je ne me rappelle pas avoir vu ces plantes rousses ailleurs

dans la jungle. Ni durant les jours passés sur le fleuve, ni à terre. Les palmiers plantés tout autour sont hauts et ne laissent passer qu'un peu de lumière. J'avance entre les plantes, qui semblent s'écarter sur mon passage. Malgré la chaleur du soleil, je frissonne. Cet endroit a quelque chose d'étrange. La forme de la clairière, parfaitement circulaire, ne peut être l'œuvre de la nature.

« Là, Miss Emily ! »

Iktan est déjà agenouillé devant sa découverte. Je le rejoins en quelques foulées et je regarde par-dessus son épaule. Une empreinte de pas ! Une trace isolée, rien avant, rien après. Merci la pluie qui efface presque tout.

« Mon oncle est passé par là !

– Ou quelqu'un d'autre, difficile à dire. »

Pourtant je n'en démords pas, je suis sûre que Sylvanus est passé par là, se guidant d'après les indications laissées dans son journal, qu'il avait mémorisées.

« Vous avez remarqué, Miss ? L'empreinte pointe vers ce bord de la clairière. »

Cette fois encore, le jeune guide est plus rapide que moi. Il écarte les fougères à l'odeur étrange pour découvrir un bloc de grès érodé par les intempéries, exactement au centre du cercle de la clairière. Des symboles sculptés en bas-relief parsèment la roche, avec ici et là des marques en blanc.

« C'est curieux, ce ne sont pas les mêmes symboles qu'au camp Sylvanus. »

Sans un mot, Iktan me désigne plusieurs glyphes qui représentent des fauves, des reptiles, des monstres la gueule ouverte.

« Ce signe-là, je crois que c'est un des Seigneurs de la Nuit, Miss Emily… Une des neuf divinités du monde d'en bas. Je vous en ai déjà parlé. Un endroit glacial et désolé où les Mayas vont après leur mort et se font piquer pour l'éternité par les serpents et aussi par les *si-na*, les scorpions…

– Donc cette stèle raconte vos légendes ? »

C'est au tour de mon guide de frissonner.

« Je ne crois pas, Miss. Avec toutes ces sculptures en forme de créatures mortelles, on dirait plutôt un avertissement. Nous pénétrons dans un domaine interdit. »

Sans répondre, je me concentre sur la série de glyphes la plus lisible.

Pendant ce temps, Iktan examine le reste de la clairière.

« Je pense que cette trouée a été faite il y a longtemps. Cette forme… Et puis, cette pierre sculptée n'est pas là par hasard.

– Mais enfin, Iktan, si la clairière avait été ouverte par tes ancêtres, la jungle l'aurait recouverte depuis longtemps ! »

Le guide frotte pensivement une feuille rousse entre ses doigts.

« Je n'en suis pas si sûr. Vous voyez ces graines de palmier, entre les fougères ? Le vent les a portées là, mais elles n'ont pas germé. Le sol est différent. »

Je ne sais pas quoi ajouter. Peut-être Iktan a-t-il raison, peut-être que non. La clairière ne contient rien d'autre. Je peux cueillir quelques fougères brunes (Mes Objets, page 200). Impossible de deviner par quel côté l'équipe menée par mon oncle est partie, si elle est bien passée par là. Des hauteurs rocheuses dépassent juste du couvert, à l'est. Je peux revenir sur mes pas vers la stèle et le pont de corde à l'ouest, ou m'enfoncer dans la jungle en direction du nord.
Et attention aux scorpions, pardon, aux *si-na* !

I – La jeune Russe s'extasie de l'ingéniosité avec laquelle j'ai déchiffré le rébus improvisé par Sylvanus : serpent, feu, fougères. Mais le message originel des glyphes restera indéchiffrable.

II – Les glyphes grincent alors que je les enfonce un par un au fond de leurs logements. Quelques claquements de mécanisme montent des tréfonds de la muraille... Je trépigne déjà de joie ! Puis les symboles se remettent en place lentement avec un bruit sourd. Je n'ai pas trouvé le secret du rempart aux blocs cyclopéens. Ce n'est pas la bonne combinaison.

III – Les traces de peinture blanche ne m'ont pas échappé ! Mon oncle ne comprenait sans doute pas plus que moi ce texte maya, mais il a entouré le dernier glyphe de chaque ligne pour me faire comprendre quelque chose. Trois glyphes, un rébus ? Quel mystère, je donne ma langue au puma !

CHAPITRE 4
PIÉGÉS DANS LA PYRAMIDE

Je ne commence ce chapitre (lieu 20) que si je suis parvenue à franchir le rempart des Mayas.

20. Le second site

Mû par un mécanisme millénaire, le bloc de granit de plusieurs tonnes pivote sur un axe comme une porte à tambour, en soulevant des nuages de poussière. Quel spectacle !

« Vite, il faut passer avant que ça se referme ! »

Sans réfléchir, je me jette dans l'ouverture, mon poncho enroulé autour de mes jambes. Tatiana me suit, son bloc à dessin serré contre elle. Sans s'immobiliser, la porte sculptée continue à tourner sur son axe de pierre... Plus que quelques secondes avant qu'elle ne se referme !

« Iktan, où est Iktan ? »

Le jeune Maya franchit l'embrasure d'un pas nerveux, son chapeau blanc retenu d'une main sur la tête. Une seconde après, la porte claque avec un bruit sourd.
« Mais où étais-tu, Iktan ? Tu as failli rester de l'autre côté ! »
Sans répondre, le guide me montre quelque chose du doigt avec un grand sourire. Je me retourne pour voir ce qu'il désigne. J'ai souvent lu des expressions comme « rester bouche bée » ou « se décrocher la mâchoire », mais ce n'est qu'à cet instant que je les ai enfin comprises.
« Splendide, ça être ! » s'exclame Kouriakoff, avec la mine d'un enfant le matin de Noël. Et en parlant de mine, celle de son crayon est déjà posée sur le papier !
Devant nous s'ouvre une vaste esplanade où s'élèvent les formes régulières de pyramides, de temples entourés de pilastres et couverts de fresques d'une beauté sauvage. Rien de commun avec les ruines du camp Sylvanus, couvertes de vrilles et de végétation. Ici, les gigantesques dalles en quinconce qui pavent la place ont tenu la jungle à l'écart des monuments... Le second site est tout bonnement superbe !

« Ce lieu est magique ! je m'exclame. C'est ça, la découverte de mon oncle ! »

Je m'élance d'un pas léger, mon poncho volant derrière moi au vent de la course. Là-bas, ces silhouettes qui s'agitent au sommet de la grande pyramide, ce ne seraient pas...? Je grimpe deux à deux les marches, talonnée par mes compagnons.

« Oncle Sylvanus !

– Emily ! »

Alors que je me jette dans les bras de mon oncle, lui arrachant presque ses lunettes, son équipe toise Tatiana Kouriakoff des pieds à la tête.

« *Ma*, qui c'est ces gens ? » bougonne un des ouvriers accroupis.

Quand Iktan apparaît à peine essoufflé sur la plate-forme, les rudes travailleurs se détournent, gênés, et retournent à leur travail.

« Mister Chaterwood, enfin ! La petite et moi, on en a fait des kilomètres pour vous trouver !

– C'est vrai ? demande mon oncle, la main sur mon épaule. Tu sais, on a découvert de si belles choses ici, Iktan, impossible de repartir ! Tu te rends compte de l'état de conservation de cette cité ? Et puis, je savais que ma nièce comprendrait.

Au fait, Emily, tu as trouvé le cadeau d'anniversaire que je t'ai laissé au camp ? »
Quel plus beau cadeau que de me trouver là avec lui – loin du pensionnat Lockwood ? Pleine d'enthousiasme, je présente Tatiana à mon oncle. Rholàlà, ce qu'ils sont empotés, ces chercheurs, à s'échanger des politesses, et des « J'ai beaucoup entendu parler de vous ! » Avec une syntaxe un peu plus inventive du côté de la Russe, bien sûr.
« Vous tombez à pic, nous venons de mettre au jour quelque chose... Venez ! »
Tatiana, Iktan et moi le suivons au **20 *bis***.
Bien sûr, je n'ai plus besoin de consulter le III des endroits visités pour trouver des messages de mon oncle.

I – Tatiana n'est d'aucune aide pour le moment.

II – J'ai déjà vu ce signe au sommet de la pyramide, Iktan m'avait dit que c'était la représentation du ciel. Les signes astronomiques m'ont plutôt réussi pour le moment, alors pourquoi pas ? Mais il ne bouge pas, le manipuler ne semble servir à rien. Eh oui, ce n'est pas le bon glyphe.

III – J'essaie de repousser ce glyphe vraiment étrange, de le tirer, je le tapote même avec un des objets tirés de mon sac – on ne sait jamais ! Il bouge un peu, mais ce n'est pas le bon glyphe.

20 bis. Ce qu'il y a sous la trappe

Sans prendre le temps de rajuster ses lunettes, mon oncle nous entraîne à l'intérieur de l'édicule qui couronne le bâtiment. Après le dur soleil, l'ombre me fait l'effet d'un bain glacé. Je soupire d'aise en contemplant les fresques sur les murs, encore colorées de touches de bleu et de vert.

« Vous voyez cette trappe de pierre au milieu du plancher ? Un cas presque unique ! Les Mayas, contrairement aux Égyptiens, ne laissaient pas de tunnels à l'intérieur de leurs monuments. »

Je vois qu'une dalle repose sur sa large tranche au-dessus d'un carré de ténèbres. Des trous ronds ont été percés dans l'épaisseur du bloc.

« Hier, en prenant toutes les précautions, nous avons passé des manches de pioche dans les encoches. Les Mayas y avaient sans doute enfilé des cordes : j'ai relevé des traces de fibres dans les stries. Et en dessous... Un véritable labyrinthe ! Regardez ! »

Tremblant d'excitation, mon oncle allume une grosse lampe électrique et éclaire une pièce en contrebas où s'ouvrent deux ou trois portes. Au-delà, l'amorce de couloirs sculptés de figures mystérieuses. Tatiana et moi nous penchons avec curiosité. Je suis déjà impatiente d'explorer le dédale ! Iktan regarde par-dessus mon épaule sans dire un mot. Dehors, le silence s'est fait : on n'entend plus les ouvriers bougonner.

« Je croyais les Mayas construire nouvelles pyramides plus grandes par-dessus anciennes, siècle après siècle, comme matriochka ? Grosses et petites pierres, et sable, mais jamais de vide dedans !

– Des poupées russes emboîtées, c'est exactement ça ! répond mon oncle. On croyait donc qu'il n'y avait ni salles ni tunnels dans les bâtiments. On se trompait ! Et je soupçonne la même chose sur d'autres sites, comme Palenque, au Mexique.

– Et c'est toi qui as découvert ça, oncle Sylvanus !

– Ça, ça reste à voir, Chaterwood. »

Quoi ?

Nous nous retournons tous les quatre. La porte qui donne sur la plate-forme est barrée par une silhouette aux larges épaules.

« Monsieur Guède ? » je dis, étonnée de voir ses moustaches ici.
Il s'avance dans l'édifice alors que deux hommes, dehors, tiennent les ouvriers sous la menace de pistolets. Mon oncle est cramoisi de colère.
« Bon Dieu, encore toi ! Tu as suivi ma nièce jusqu'ici, hein ? Eh bien, crois-moi, cette trouvaille-là, tu ne me la voleras pas ! »
Je rougis. Quelle idiote j'ai été ! Ce soi-disant passager français sans une trace d'accent, si pressé de m'accompagner ! Les oiseaux et les singes dérangés par quelqu'un qui nous suivait dans la jungle ! J'aurais dû m'en douter ! Pourtant, toutes les précautions avaient été prises par...
« Iktan ! Bravo pour ton aide. Un coup de génie, ces marques que tu as laissées sur les glyphes à presser pour franchir le mur ! » s'amuse Hedges – car c'est évidemment lui. À sa main, une chevalière qu'il ne portait pas à bord, frappée d'un *H*.
La larme à l'œil, je regarde le jeune homme. Il avait tardé à nous suivre, au rempart...
« Iktan, tu n'as tout de même pas... ?
– Jamais je n'aurais cru cela de toi, dit froidement mon oncle. Mon propre assistant ! »

Iktan frémit sous le reproche. Tête baissée, il remue du pied la poussière sur le sol. Tatiana ne dit rien, mais elle se détourne du Maya, la mine pincée.

« Je suis désolé, Mister Chaterwood... Et pour vous aussi, Miss... Ma famille est pauvre et s'est privée de tout pour mes études. Hedges m'a promis...

– Ne te justifie pas, Iktan. De toute façon, cet homme t'a certainement trompé, toi aussi.

– Assez causé ! lance Hedges en dégainant son arme. Vous avez bien cherché ce qui vous arrive ! Tu ne m'as jamais pris au sérieux, Chaterwood. Et ta nièce, cette anguille ! Je suis ici pour prendre ce qui me revient. Quant à vous, la dame au bloc à dessin, je ne sais pas qui vous êtes, mais... »

Tatiana Kouriakoff crache aux pieds du mercenaire, pas impressionnée pour deux sous. Quelle femme ! Hedges fait un pas de côté.

« Alors, Chaterwood ? Quels trésors avez-vous déterrés ? Parle, Chaterwood ! Tu as forcément fait des découvertes. Une statue en or ? Des reliques ?

– Et pourquoi pas la croix de Coronado ? S'il y a quelque chose, sa place est dans un musée ! Pas dans les pattes d'un mercenaire comme toi !

– Tu vas regretter ces paroles..., dit Hedges en levant son arme.
– Non ! réagit Iktan. Vous avez promis que personne ne serait blessé !
– Pousse-toi, jeune imbécile ! Avec une balle dans la jambe, ton patron sera plus bavard ! »
Tout se passe en un éclair. La brute tend le bras et presse la détente. La détonation claque sèchement entre les murs, suivie d'un cri. Je regarde mon oncle, debout, les yeux ronds de surprise. Il n'a rien !
« Iktan ! crie mon oncle. Idiot ! Pourquoi as-tu... ? »
Le jeune Maya s'est jeté sur Hedges au moment où il tirait ! Il gît maintenant sur le sol de pierre, grimaçant, les mains crispées sur la poitrine. Tatiana se jette sur lui, écarte les pans de sa chemise blanche puis porte la main à sa bouche. La balle destinée à mon oncle a touché le Maya en plein cœur. Je m'agenouille pour prendre ses mains dans les miennes.
« Désolé... je m'en veux te-tellement... Miss Em... »
J'ai des larmes dans la voix pour répliquer.
« Emily tout court... mon ami ! »
Mon compagnon de voyage, qui m'a tant appris et tant fait rire, pousse son dernier soupir alors que je presse ses mains. Sa tête retombe sur le sol dur et

froid. Hedges danse d'un pied sur l'autre, l'arme un peu tremblante dans sa main. Ce lâche n'avait pas prévu d'aller jusqu'au meurtre. Devant témoins !
« Imbécile ! crache-t-il. Ça ne serait pas arrivé si tu m'avais donné tout de suite le trésor, Chaterwood !
– Ah, c'est ça que vous voulez ? » je dis, la main plongée dans mon sac.
Hedges et ses deux comparses restent muets de stupeur !
Quel est cet objet que j'ai utilisé pour retourner la situation ? Impossible de poursuivre avant de l'avoir deviné !

I – Tatiana n'est d'aucune aide pour le moment.

II – « Et qu'est-ce que tu comptes faire avec ta truelle et tes pinceaux, petite ? Me nettoyer la face jusqu'à ce que mort s'ensuive ? » Je ne suis ni assez grande ni assez forte pour affronter Hedges avec mes armes improvisées. Vite, une idée !

III – Hedges renifle de mépris. « Si c'est ça que je veux, gamine ? De la camelote ! Mes clients en ont déjà plein leurs collections, de ces masques en jade ! En plus, il lui manque l'œil gauche ! »

21. Au cœur du labyrinthe

Je ne peux lire ceci que si le texte m'y a invitée.

Les deux compagnons de Hedges remontent à toute vitesse la corde qui leur a servi à nous faire descendre dans la pièce souterraine. Tous les trois, Tatiana, Sylvanus et moi, nous levons les yeux vers le petit carré de lumière au-dessus de nous. Hedges se penche par l'ouverture, son arme passée à la ceinture. Sa main avide est toujours posée sur la relique.

« Ne t'inquiète pas pour tes ouvriers, Chaterwood ! Quelques dollars ou quelques coups et ils feront tout ce que je dirai. Le corps d'Iktan va disparaître dans la jungle. Quant à vous trois, bonne chance pour retrouver votre chemin dans ce labyrinthe ! »

Oh, comme j'aurais envie de lui jeter encore quelque chose ! Le pillard éclate de rire avant d'ordonner à ses hommes de pousser le bloc de pierre. Avec un bruit sinistre, la dalle se rabat sur l'ouverture. Enfermés ! Dans l'obscurité, je sens des mains se poser sur mes épaules.

« Toi pas avoir peur, Emiletchka. Rappelle-toi comme j'ai chassé méchants coatis. Avec moi, rien pouvoir t'arriver ! »

Brave Tatiana ! Elle me tutoie enfin et m'a même trouvé un surnom dans sa langue. Je me serre contre elle en tâchant de retenir mes larmes. Et ce n'est pas souvent que je pleure ! Mon oncle tousse.

« C'est très intelligent, ce que tu as fait là, Emily. Sans cela, cette brute nous aurait torturés puis tués froidement.

– Pour ce que ça nous avance... Et même si on s'en sort, tu as perdu ta précieuse découverte du camp Sylvanus ! »

Mon oncle rit. Comment en trouve-t-il la force ?

« Ce crâne ? Ce n'est qu'un faux ! C'était ça, ton cadeau d'anniversaire ! Je l'avais acheté à un marchand d'art français au Mexique. Je l'ai caché pour te récompenser d'avoir trouvé tous les indices. Ma vraie découverte, c'était le chemin menant à cette cité : les symboles de jade !

– Vous encore avoir lampe ? coupe Tatiana, pratique.

– Oui, ils m'ont laissé la prendre quand ils nous ont descendus, mais je ne sais pas combien de temps elle fonctionnera. J'ai aussi des allumettes. Je te les confie, Emily (Mes Objets, page 201). Voyons dans quel pétrin nous nous sommes fourrés... »

Oncle Sylvanus balaie les murs avec sa lampe électrique. Nous sommes dans une petite pièce dont les murs sont couverts de scènes sculptées et peintes. Les cartouches carrés, alignés régulièrement, font le tour de la pièce pour ne s'interrompre qu'à l'emplacement de deux ouvertures basses donnant sur des couloirs. Tatiana sort son bloc et commence à faire le plan des lieux.

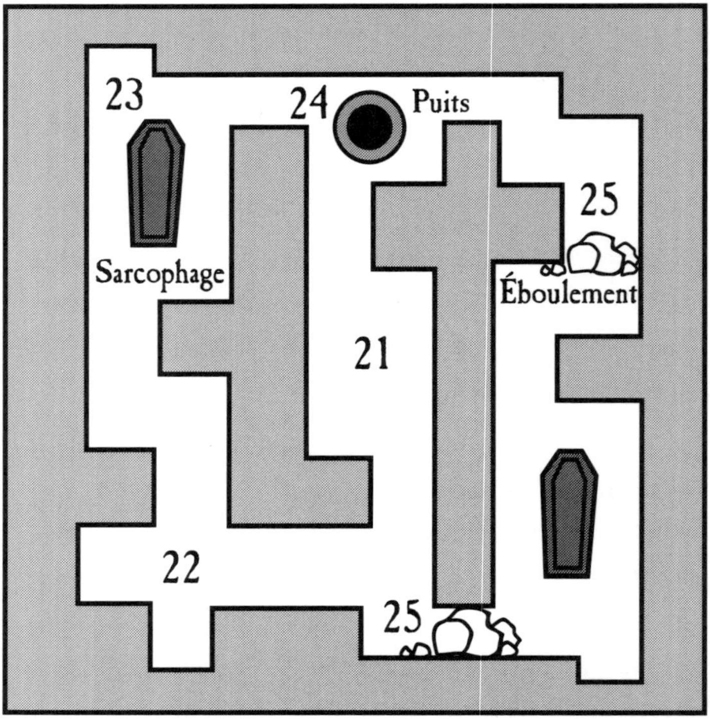

« Pas la peine d'espérer soulever la dalle dans le plafond, note mon oncle. Elle est trop haute et beaucoup trop lourde. Espérons qu'il existe une autre issue.

– Ces tunnels et ces salles, à quoi servir ?

– Un temple souterrain ? je risque.

– Ou un complexe funéraire pour les prêtres, si les Mayas vivaient en théocratie, comme le croient mes collègues. Ou le tombeau d'un roi, ce qui remettrait en cause quelques idées reçues !

– Ça, pas nous sortir d'ici. Explorer le labyrinthe, on doit. En espérant trouver sortie avant d'être dans le noir. »

Dans un coin, j'aperçois les restes de deux torches droites comme deux i, placées parallèlement. Qui donc nous a précédés ici ?

Il nous reste à explorer le complexe en fouillant attentivement les lieux traversés, sur le plan.

I – « Vous voir, là ? » En faisant son relevé, Tatiana Kouriakoff a remarqué quelque chose. Parmi les multiples glyphes sur les murs, des endroits ont été martelés pour effacer deux symboles, non loin d'un glyphe représentant une tête d'oiseau avec le bec bandé. « Tiens, tiens, dit mon oncle. C'est comme la *damnatio memoriæ* des Égyptiens et des Romains… Le fait de condamner quelqu'un à l'oubli en supprimant son nom des monuments. Ces deux symboles, ce serait le nom d'une personne ? » Je note mentalement cette information.

II – Je saisis les deux torches, mais le bois s'émiette entre mes doigts pour tomber en poussière… Impossible de les utiliser pour quoi que ce soit, dommage. « Pas de doute, ce sont les restes d'une expédition du temps de la Conquête, remarque oncle Sylvanus. Tu as vu le squelette du conquistador dans la jungle ? Peut-être a-t-il découvert la cité avant nous ! Ces torches le prouvent. »

III – Si je lis ceci, c'est que je me suis trompée ! Ce n'est pas le bon choix…

22. Carrefour

Une croisée de tunnels !

D'après le plan que trace Tatiana, l'un ramène vers la salle au cœur du labyrinthe. Un autre fait des zigzags pour donner sur une autre pièce. La lampe d'oncle Sylvanus montre que les deux dernières branches se terminent en cul-de-sac. Une architecture étrange, même en comparaison des vieux bâtiments du pensionnat Lockwood, c'est dire ! Les murs sont parfaitement rectilignes, faits d'un assemblage d'énormes blocs à plusieurs faces. Comme dans le rempart qui entoure la cité, chaque pierre est emboîtée avec plusieurs autres qui épousent exactement sa forme.

Dans l'un des culs-de-sac, les parois sont creusées de niches, disposées un peu comme les chaussettes qui traînent au pied de mon lit : au petit bonheur et de toutes les tailles. Certaines contiennent encore des urnes de pierre peintes de couleurs. La plupart ont été brisées et leur contenu répandu sur le sol par un tremblement de terre ou un pillard... Des débris de coquillages, des plumes, des bouts d'os. En tout cas, rien d'utile. Mon oncle remue ces restes en marmonnant quelque chose à propos de « rites propitiatoires ». Tatiana, plus pratique, s'intéresse à l'autre cul-de-sac.

Celui-ci est parfaitement vide. Une seule niche, large d'un mètre, a été ménagée dans le mur qui ferme l'impasse. Rien n'y a été déposé. Le fond de la cavité est sculpté des habituels symboles carrés qui roulent des yeux ou grimacent :

« Encore de nouveaux glyphes, soupire oncle Sylvanus. J'aurais préféré une sortie.

– Mon oncle, j'ai l'impression que c'est comme pour le rempart. On doit pouvoir appuyer sur certains glyphes et déclencher quelque chose... Tu ne crois pas que...

– Ne touche à rien pour le moment, si tu n'es pas sûre de ce que tu fais. Continuons. »

Où se rendre ensuite ? Je consulte le plan.

I – Tatiana examine les glyphes un par un haut et hoche la tête d'un air entendu. « Emiletchka, tu certainement remarqué un de ces signes comme moi, je être sûre !... » Moi, je suis moins sûre.

II – Je désigne le carré de pierre sculpté. Tatiana hoche la tête. J'ai fait le bon choix. Si c'est le deuxième bon glyphe que je choisis dans le panneau du carrefour, je peux me rendre à la Conversation **T**. Autrement, je réfléchis à la suite.

III – Rien à faire, je n'obtiens rien de ce mécanisme de pierre, quelle que soit la manière de s'y prendre. Ce n'est pas le bon choix.

23. Sarcophage brisé

Le tunnel débouche dans une salle rectangulaire à voûte en forme de triangle, comme la ruine où mon oncle avait installé son bureau et son lit de camp.
« Une voûte en encorbellement, précise-t-il en levant haut sa lampe.
– Tu rates le plus beau, mon oncle... »
Il abaisse la lampe électrique et aperçoit enfin ce que Tatiana Kouriakoff et moi avions vu tout de suite : l'énorme coffre de pierre au centre de la pièce !
« Un autel ? je demande.
– Non, dit Tatiana. Regarde. Le dessus, avoir été retiré. C'est... pour les morts. »

En effet, la dalle sculptée qui fermait le sarcophage a été jetée sur le côté, brisée en plusieurs morceaux. Mon oncle s'agenouille pour examiner les bas-reliefs montrant des jaguars et des guerriers couronnés de clochettes et de serpents.
« On s'est servi d'un levier, regardez les traces ici. Des pillards, il y a longtemps. La poussière s'est incrustée dans les stries de la pierre. »
À l'intérieur du sarcophage repose une chose sèche à la peau parcheminée et à la mâchoire béante. Ça devrait être effrayant, en fait ça ne l'est pas : j'ai l'impression de voir une antiquité dans sa vitrine au British Museum ! Et puis, après la scène vécue au sommet de la pyramide... Je frissonne. Malheureux Iktan ! Je reporte mes yeux sur la momie. Une femme, enfin c'est difficile à dire : une prêtresse, une concubine ou une reine... Il n'y a plus rien d'intéressant aux côtés du corps desséché, tous les objets funéraires ont été volés par ceux qui nous ont précédés. Les doigts ont même été brisés pour récupérer les bagues.
Mon oncle tire une tête de trois pieds de long.
« Quels vandales ! »
Moi, ce qui m'intéresse, c'est surtout de trouver la sortie. Ou à la rigueur un outil – j'y ai pensé

quand j'ai entendu le mot « levier ». Un sceptre ou une lance maya aurait pu faire l'affaire, mais il ne reste que de la poussière et des ossements jaunis. Un beau gâchis.

Tatiana, elle, se contente de faire son relevé de la salle, centimètre par centimètre. Une vraie chercheuse de terrain ! Un jour, je serai comme elle. Peut-être.

Je m'éloigne du sarcophage pour faire le tour du reste de la pièce à la recherche de n'importe quoi : une trappe, une fissure, quelque chose. Les dalles du sol assemblées en quinconce font résonner mes pas sous cette drôle de voûte en pointe dont on n'aperçoit pas le sommet, même en levant la lampe à bout de bras.

Deux ouvertures donnent sur des couloirs, l'un rectiligne, l'autre en zigzags. Les Mayas aimaient la variété dans leur architecture autant que dans leur écriture, on dirait. Dans le mur du fond s'ouvre un début de tunnel, presque aussitôt barré par un mur sculpté. Une ouverture en arc de cercle a été pratiquée dans la pierre, comme si le mur grimaçait, mais son fond est muré. Je pousse, je cherche un mécanisme, mais rien de rien ! Nous reprenons le plan.

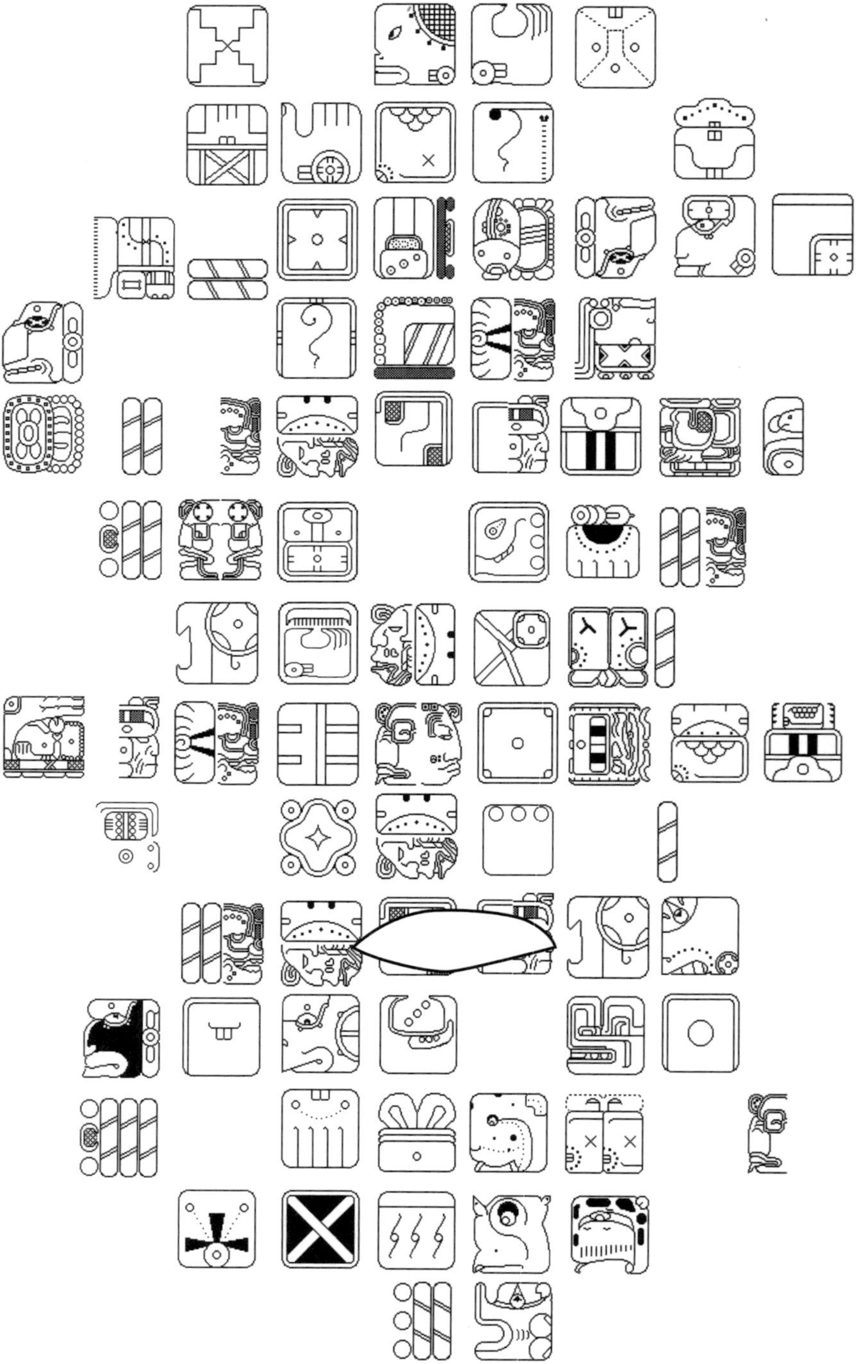

I – Tatiana se penche à nouveau sur la momie dans son sarcophage et se relève avec... un levier de fer à la main ! « Resté sous la momie, c'était », dit-elle comme si c'était tout simple ! En voyant les vestiges traités de cette manière, mon oncle fait la moue, mais moi, je m'empresse de noter le levier ʃ dans Mes Objets (page 201).

II – Ma tentative sur le mécanisme de pierre ne donne rien. Ce n'est pas le bon choix.

III – Je montre du doigt le signe sculpté que j'ai choisi. Mon oncle me laisse faire... Je pense que j'ai fait le bon choix. Si c'est le deuxième bon glyphe que je choisis dans le panneau du carrefour, je peux me rendre à la Conversation **T**. Autrement, je réfléchis à la suite.

24. Puits noir

« Attention... ! »

La jeune Russe retient mon oncle juste à temps. Il a failli tomber dans le puits ⭘ ouvert au milieu de la salle !

« Vous pas avoir de tête, Sylvanus !

– Ni margelle ni garde-fou à ce puits, remarque-t-il, pas ému du tout. Très intéressant. »

Je me penche par-dessus le bord du trou rond. À l'intérieur, le même emboîtage précis de blocs énormes qui constituent aussi les murs. Les parois ne sont pas à pic mais en légère pente. J'ai beau être forte en sport, c'est quand même trop raide pour descendre comme ça. Le fond est plongé dans l'obscurité. J'ai l'impression d'entendre un léger murmure quand je me penche...

« Héééé, attention, toi aussi ! s'exclame la Russe. Vous tous vouloir tomber là-dedans ou quoi ?! »

Nous nous détournons du puits pour explorer le reste de la salle à la lumière électrique. La même litanie de symboles mystérieux se déroule sur les quatre parois. À force de les suivre des yeux, je finis par en avoir le vertige !

« J'ai l'impression de les connaître par cœur, maintenant !

– Ça est très bonne remarque, Emiletchka. Combien de symboles différents tu as vus jusque-là ?

– Je ne sais pas. Plusieurs dizaines, peut-être plus. Et chacun veut dire autre chose !

– Dans écriture en hié... comme vous dites ?

– Hiéroglyphes ! Comme en Égypte !

– En hiéroglyphes, chaque symbole être une chose, une seule. Donc il faut autant de

signes que de choses. La montagne, l'eau, le pain, tout.

– Mais ça veut dire...

– Qu'il devrait exister des *milliers* de glyphes différents, comme dans l'écriture chinoise, complète mon oncle. Enfin, si l'écriture maya est vraiment hiéroglyphique, comme le prétendent mes collègues et les encyclopédies... »

J'ai mal à la main rien qu'à entendre ce mot-là ! Je m'étonne :

« Mais j'ai bien reconnu les hiéroglyphes qui voulaient dire : nord, sud, soleil !

– Comme le N peut vouloir dire nord, objecte mon oncle. Et nos astronomes désignent les astres par des symboles convenus. Quelqu'un qui ne saurait lire que ça, plus quelques numéros, croirait que notre écriture est hiéroglyphique.

– Alors les Mayas avaient peut-être un alphabet, comme nous ?

– Non, Emiletchka, dit la Russe. Car alors très peu glyphes, il y aurait. Vous avoir vingt-six lettres, et nous trente-trois dans alphabet russe. Des signes mayas, il y a *huit cents*.

– Trop pour une écriture alphabétique, je dis. Mais pas assez pour une écriture hiéroglyphique.

– C'est le problème sur lequel butent les savants depuis un siècle, Emily ! sourit mon oncle. Je remarque tout de même que notre dessinatrice est bien renseignée sur le sujet... »
Le regard de mon oncle se fait inquisiteur. Tatiana se concentre sur sa planche à dessin sans répondre à l'insinuation. Il est temps de reprendre le plan en main si on espère trouver une issue à ce dédale !

I – Tatiana reste méfiante depuis la remarque de Sylvanus et ne dit rien.

II – L'allumette tombe en tournoyant, éclairant brièvement les parois du puits. Elle atteint enfin le fond, où elle s'éteint au bout de quelques secondes après avoir éclairé quelques objets blancs et ronds.

III – « Tu es folle, Emily, c'est trop risqué ! » Mon oncle commence par refuser mon plan. Mais à situation désespérée, mesures désespérées... « Et comme ça, tu verras que j'ai fait des progrès en gymnastique ! » Faute de quelque chose à quoi attacher la corde de fibres, Tatiana et Sylvanus la tiennent fermement. Moi, la plus légère, je descends en me retenant à deux mains, les deux pieds plantés sur la paroi de blocs lisses… Mon poncho pend de manière un peu bizarre. Je me fais même une frayeur à mi-parcours quand un de mes pieds glisse ! Mais enfin, j'atteins le fond, large de moins d'un mètre. Brrr… « Mon oncle ? Est-ce que les Mayas pratiquaient le sacrifice humain ? – Pourquoi me demandes-tu cela, Emily ? » Eh bien, comment lui dire que le fond du puits est littéralement pavé d'os humains ? L'un des squelettes est plus récent que les autres et vêtu d'oripeaux, sans doute un des conquistadors qui nous ont précédés. Il tient encore un parchemin jauni dans la main. Pas trace d'une issue, hélas. Je remonte vite pour montrer le parchemin du moine à mes compagnons (Documents, page 221). Attention, la corde a résisté, mais elle s'est dangereusement étirée, mieux vaut ne plus s'en servir : je la raie de Mes Objets.

25. Éboulement

Un entassement de rochers nous bloque le passage ! Un tremblement de terre a dû faire s'écrouler une partie de la maçonnerie… hélas, sans provoquer d'ouverture qui traverse les murs ou le plafond. Les blocs si bien ajustés révèlent la blocaille et la caillasse qui constitue l'essentiel de l'épaisseur du bâtiment.

« La pyramide est si épaisse que les murs ont tenu ! explique mon oncle. Ces derniers jours, j'ai arpenté chaque mètre carré de ce bâtiment à l'extérieur, étage par étage, et je n'ai remarqué aucune fissure plus large qu'une lézarde.
– Ni aucune sortie ? » je demande.
Mon oncle se détourne sans oser répondre et règle la lampe électrique pour se donner une contenance. Tatiana ne dit rien, pâle et gênée. Je donne un coup de pied dans une des roches en forme de brique ❐, qui va rouler sur le tas de débris.

I – « Vous voyez, dans trou de paroi, là où pierres être tombées ? Autre mur par-derrière, travail différent. Grande pyramide avoir été construite sur pyramide plus vieille, alors pas même architecture. » Et pas de sortie en vue non plus !

II – Le levier permet de soulever une pierre, puis deux. Mon oncle et Tatiana se relaient pendant que je tiens la lampe. Oui ! En un rien de temps, ils ont dégagé un passage suffisant pour franchir l'éboulement ! Je peux ajouter le **25 *bis*** sur le plan.

III – La truelle de la trousse d'archéologue suffisait pour creuser la terre meuble, mais pour dégager un éboulement, franchement...

25 bis. Sarcophage intact

Ce lieu n'est pas accessible par le plan. Je ne peux l'explorer que si j'ai réussi à dégager l'éboulement qui bloque le passage.

Après l'éboulis, le passage donne sur une pièce aux dalles disposées en échiquier. Le plafond, bien plus haut que dans le couloir, s'élève en biais de chaque côté pour former un berceau en pointe, comme un arc de triomphe. Juste au-dessus de l'entrée, un glyphe à bec rond à côté de deux glyphes martelés pour les effacer, comme dans la salle centrale. Et au beau milieu de ce vaste hall...

« Un sarcophage ! »

Nous entourons aussitôt le bloc de pierre travaillé. Je m'agenouille pour suivre du doigt les fresques. Une splendeur ! C'est certainement le tombeau d'un roi, ou d'un prêtre particulièrement puissant.

« Il est encore intact, remarque oncle Sylvanus. Les conquistadors ne l'ont pas touché !

– Pourquoi ? je demande.

– Va savoir, Emily ! Ils avaient peut-être les bras déjà chargés d'or et de reliques et pensaient revenir... »

Je me rappelle le squelette en armure trouvé dans la forêt, son sac de cuir presque pourri renfermant encore le butin du soldat. Je ne suis pas sûr que cette expédition se soit bien terminée !
Sur la dalle qui ferme le tombeau, le portrait d'un noble, le menton levé avec fierté, couronné de bandelettes qui se terminent en gueules de serpents. Le style est plus raffiné encore que celui de la stèle cachée de la clairière. Sculpté très en évidence sur le bord du sarcophage fermé, le symbole de la Lune.

« Peut-être une dévotion particulière pour l'astre de la nuit », remarque mon oncle.
Au fond de la pièce, à l'opposé des entrées de couloir, le mur a été excavé comme pour un départ de tunnel, mais un mur ferme l'ouverture. Sur cette paroi, je remarque trois étranges roues de pierre l'une dans l'autre. Elles portent les glyphes de tous les astres que je connais et les points cardinaux, comme au camp Sylvanus. Plus quelques autres, peut-être des dates

ou des phénomènes astronomiques. Un repère est sculpté à côté des roues et permet d'aligner *trois glyphes.*

« Ça être roues du destin, dit Tatiana. Déjà vu ça au Mexique, dans des horoscopes vendus aux touristes.

– Un vague souvenir de la science des Mayas, devenue une superstition locale », soupire mon oncle.

Je pèse sur le bord de la plus petite roue. La pierre est lourde mais parfaitement articulée sur un axe bien abrité de la poussière.

« Vous avez vu ? Ça bouge ! Les trois roues tournent encore ! Comme pour aligner les glyphes ! »

La science de ces anciens Mayas ne cessera jamais de m'étonner. Les belles machines du RMS *Plutonic* fonctionneraient-elles toujours si on les retrouvait dans quelques siècles, pourrissant au fond d'un chantier naval ? Certainement pas !

« Ne touche pas si toi, pas être sûre, Emiletchka. »

Pourtant les doigts me démangent ! Mais Tatiana a raison : il me manque un élément pour comprendre vraiment ces roues.

Nous pouvons dégager l'éboulement de l'autre tunnel sans problème. La totalité de cet étage de la pyramide semble accessible. Il faudrait maintenant fouiller les endroits encore non vus dans le dédale.

I – Tatiana regarde sur le mur le glyphe en tête d'oiseau entourée d'un bandeau, comme s'il avait une rage de dents. « On l'a déjà vu dans la salle centrale, non ? je demande. – Oui, Emiletchka. Et pas la première fois, pour moi. » Sylvanus s'approche aussitôt. « Alors, Tatiana, allez-vous enfin nous en dire plus ? » La Russe rougit, puis : « Je dessinatrice en architecture, mais mon ami Youri, à l'Institut ethnographique de Saint-Pétersbourg, être. Déjà un voyage en Amérique centrale, faire on a. Les dates et les calendriers mayas, lui il étudie. Moi, séries de stèles, j'ai dessiné, et j'ai remarqué… » Elle marque une pause pour le suspense. « … que ce signe oiseau qui a mal aux dents, toujours revenir avec une date et deux signes. Jamais plus de soixante ans entre deux apparitions de l'oiseau. Et toujours sur stèle monumentale, bien en vue. Quel événement public revenir toutes les quelques années, soixante ans au plus ? – Une guerre entre cités ? je propose. – Non, dit mon oncle. D'après mes fouilles, les cités étaient perpétuellement en guerre, quoi qu'en pensent certains historiens. Alors ce glyphe désignerait… » Tatiana termine avec un sourire : « Moment où un roi monte sur trône quand ancien roi être mort. Et à côté, les signes pour son nom. Regardez ici : oiseau, et deux signes effacés. Le nom du roi enterré ici, ça était. »

II – Avec le levier, Tatiana et moi repoussons la dalle du tombeau, sous le regard horrifié de Sylvanus. À l'intérieur, une momie presque en tout point semblable à celle du sarcophage brisé, à ceci près qu'elle porte encore ses ornements et son sceptre à tête de serpent. L'éclat de l'or est visible sous la poussière séculaire et les toiles d'araignées. « N'y touchons pas sans nécessité », intervient mon oncle. Et aux pieds de la momie, tiens, tiens... une corde en fibres végétales, tressée si étroitement qu'elle a défié le passage des ans dans cette atmosphère sèche ! Je consulte mon oncle du regard. Il hoche la tête. Je ramasse la corde (Mes Objets, page 201).

III – Je place les roues pour reproduire l'alignement : Lune, Terre, Soleil. C'est ce qui se passe durant une éclipse. Les Mayas d'autrefois le savaient-ils ? Je guette les bruits de mécanisme, comme au rempart, mais rien. Ce n'est pas la bonne combinaison...

CHAPITRE 5
LE SECRET DES MAYAS

Je ne commence ce chapitre (lieu 26) que si nous avons trouvé les deux bons glyphes qui ouvrent le passage secret.
Attention, dans ce chapitre, je devrai tracer le plan moi-même, et être attentive à chaque *détail*.

26. La grotte du scorpion

Le fond de la niche tremble, sans doute mû par un vieux mécanisme à contrepoids. Au fond de la cavité obscure s'élève un courant d'air... Pas de doute, le mur va s'ouvrir pour nous livrer passage !
Et non. C'est le plancher qui s'ouvre.
Une légère secousse et les dalles du carrefour s'inclinent, s'ouvrant comme une trappe. Les pieds en avant, je bascule et glisse le long d'un plan incliné ! Oncle Sylvanus crie si fort que

sa voix couvre les jurons russes de Tatiana ! Quelques secondes plus tard, nous nous immobilisons au bas des dalles. Je repousse le pied de la jeune Slave, mais ce ne sont pas ses bottes qui m'empêchent d'y voir : il fait noir comme dans un four. Cette fois, c'est mon oncle qui jure en sourdine. Alors que je me remets sur mes pieds, je l'entends s'escrimer contre la lourde lampe électrique qui a dégringolé dans le noir avec nous et s'est éteinte. Je promène les mains dans l'ombre sans rencontrer aucune paroi – juste les mains de Tatiana. Elle les serre pour me rassurer.

« Ah, tout de même ! »

Avec un petit cri de triomphe, Sylvanus parvient à ressusciter l'appareil. La lampe au verre fendu projette un rond de lumière vacillant, juste assez pour voir où nous sommes.

« Une caverne !

– Creusée dans le calcaire par les eaux de ruissellement, remarque l'archéologue en passant ses doigts sur la paroi. Nous sommes sous les fondations de la pyramide. Le chemin de descente est constitué de dalles d'une pierre dure et lisse. Je me demande à quoi cela serv…

– Chut ! Vous, entendre ça ? »
Nous faisons silence. Oui… Un petit bruit d'eau ! L'atmosphère est d'ailleurs humide… et froide. Je ramène mon poncho autour de moi en frissonnant. D'où peut venir ce clapotis ? Le sol est sec sous nos pieds, recouvert d'une couche de poussière laissée par les siècles.
« Une rivière souterraine ? je demande.
– Oui, ou une retenue d'eau. Le sol au-dessus de nous est poreux et alimente la nappe phréatique…
– Et si nous, la pente remonter ?
– Si le plafond ne s'est pas refermé au-dessus de nous ! je dis.
– Le plan incliné est trop raide, répond mon oncle. On a déjà beaucoup, beaucoup de chance de ne pas s'être rompu les os en dévalant les dalles. »
Il balaie les murs de la grotte avec sa lampe clignotante. Tatiana et moi nous serrons instinctivement l'une contre l'autre. L'espace est vaste et résonne d'échos fantomatiques. On pourrait presque croire…
« Là ! »
Je viens d'apercevoir une main blanche dans le rond de lumière ! Mon oncle ramène le

faisceau dans cette direction. Une statue sculptée à même la paroi ! On croirait voir un homme s'extraire de la gangue de pierre blanche, la main tendue devant lui. Le visage grimace sous la coiffe de rubans.

« Un portrait du roi sans nom dont on a ouvert le sarcophage ? Celui désigné par les deux glyphes ?

– Ou un dieu. Il ne porte pas les attributs royaux. On connaît le glyphe désignant certaines divinités, peut-être que... »

Mais le seul symbole qui orne la statue est un cartouche à ses pieds, orné de trois ronds et de trois barres, un symbole familier maintenant.

Le dieu inconnu nous fixe de son regard de pierre alors que nous contournons son socle sculpté pour finir d'explorer la grotte, espérant trouver un tunnel de sortie. Le faisceau accroche des bas-reliefs à la base des parois. La frise fait apparemment tout le tour de la caverne et représente...

« Des scorpions ! » je m'exclame.

Des scorpions le dard levé, des scorpions vus de profil, de gros et petits scorpions... Dans la lumière incertaine, des dizaines de ces petits monstres de pierre semblent danser la sarabande autour de nous ! *Détail* sinistre, des touches de peinture d'un rouge sanguinolent renforcent encore l'illusion. Les Insupportables Scorpions Paraissent Entourer, Tourner Inlassablement Tout l'Intérieur, Ici ! J'essaie de ne pas prêter attention à cette décoration sinistre, mais je vois bien que Tatiana a la chair de poule. On dirait que nous sommes tombés dans les fosses du mythique monde d'en bas. Iktan m'en avait parlé dans la clairière aux fougères quand j'examinais le bloc sculpté de têtes grimaçantes. Il avait plissé les lèvres de peur ou de dégoût. L'enfer maya peuplé de scorpions !

Je me demande où est Iktan en ce moment... Un traître, mais aussi un ami, qui s'est sacrifié pour nous. En parlant sacrifice, je m'étonne de ne pas fouler des os dans cette caverne comme au fond du puits. Ce cul-de-basse-fosse a pourtant dû recevoir son lot de victimes du temps de la splendeur des Mayas.

« Tiens, une issue, remarque mon oncle.

– Là, sortie aussi », ajoute la Russe.

Derrière un ressaut rocheux, une arche de pierre donne sur un tunnel en légère pente.

À l'opposé, un couloir creusé de main d'homme s'enfonce dans la roche. Ses parois sont en biais comme les voûtes triangulaires que j'ai vues ailleurs, mais le plafond est si bas que je devrais presque me baisser pour passer.

« Vous vous rendez compte que nous sommes les premiers depuis des siècles à explorer les fondations d'une pyramide maya ? note mon oncle.

– Espérons juste que nous, pour parler de ça, sortir on pourra ! »

Je n'ajoute rien, trop pressée de retrouver la lumière du jour – et de faire jeter Hedges derrière des barreaux pour le meurtre du pauvre Iktan.

« Tiens, Emiletchka. Désormais, temps que tu apprennes, il est », me dit Tatiana en me tendant son bloc.

Cette fois, à moi de tracer le plan sous l'œil attentif de la dessinatrice. À côté de chaque lieu, je note scrupuleusement chaque glyphe découvert, par exemple celui lu sur le socle de la statue sans nom.

PLAN D'EMILY

Il nous faut choisir entre le couloir rectiligne qui mène au **27** et le tunnel naturel qui donne sur le **29**, avant que la lumière nous fasse défaut.

I – Tatiana m'emprunte une allumette et se penche vers quelque chose qui a attiré son attention : une série de creux dans la couche de poussière du sol. « Ça, être traces de pas », dit-elle. Sylvanus se penche aussitôt dessus, bousculant presque la jeune Russe. « Oui, deux séries d'empreintes différentes ! Regardez celles-là, des bottes, et des pas plus petits laissés par des semelles de fibres comme en portent les Indiens. Quelqu'un d'autre est passé par ici il y a des années... ou des siècles ! » Les bottes d'un conquistador et de son guide ? Les empreintes se perdent ensuite et ne réapparaissent pas.

II – J'ai été attentive, j'ai remarqué un détail curieux dans la sarabande sculptée. La carapace de certains scorpions est est décorée avec un glyphe que je n'avais encore jamais vu. Sans doute le signe qui désigne cet animal.

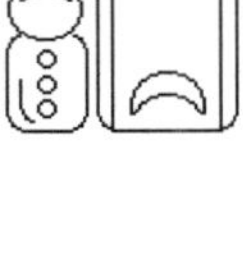

III – Mon oncle m'éclaire avec sa lampe alors que je me lance dans mes manipulations, mais je n'obtiens rien. Je me suis trompée, pas d'issue à espérer ici !

27. Couloir de l'araignée

Nous suivons le couloir dont les murs penchent vers l'intérieur. Après quelques pas, le bruit d'eau diminue : on s'éloigne de la source. La lumière électrique clignote. Combien de temps les piles tiendront-elles encore ? Heureusement qu'aucun de nous n'a peur du noir !
Les parois sont constituées de blocs emboîtés. J'ai l'impression que ces murs sont différents de ceux du niveau supérieur. Peut-être parce que les souterrains sont plus anciens ? Mon oncle doit penser la même chose. Il s'arrête brusquement (Tatiana le heurte presque) et se penche sur le mur, l'air intrigué. Le voilà qui souffle sur l'un des joints de pierre avant de passer ses doigts le long de la fissure... Il se redresse avec un petit bruit de bouche satisfait.
« Des fausses briques. Vous avez remarqué comme les décolorations sont les mêmes, entre deux pierres voisines ? La paroi naturelle a été

sculptée pour imiter un assemblage. Quel travail raffiné ! »

La Russe hausse les sourcils sous son couvre-chef.

« Je croyais que, un secret passage, trouvé vous aviez !

– Quoi ? Ah oui, c'est vrai, un passage... Hum, continuons. »

Le digne archéologue reprend la tête de la progression sans ajouter un mot. Le sol a été strié avec le même sens artistique que les parois. Je crois même y voir courir...

« Des araignées ! »

Surpris, mon oncle me regarde puis baisse le faisceau de la lampe vers le sol. Avec un meilleur éclairage, l'illusion se dissipe.

« Des araignées, et puis quoi encore, Emily ? sourit-il. Des coatis, aussi ? Non, tu vois bien que ce ne sont que des motifs taillés dans le calcaire ! Très belle facture d'ailleurs, les pattes sont parfaitement détachées et le corps est réaliste. »

Je souris, je me sens un peu bête, moi qui ai affronté de bien plus grands dangers dans la jungle, et pas que des coatis ! En avançant, on croise encore plusieurs de ces bestioles sculptées dans le sol et au bas de la muraille.

Depuis combien de temps marchons-nous, cinq minutes, dix ? C'est difficile à dire dans ces ténèbres. Oubliant les araignées, je laisse vagabonder mes idées. Le couloir me fait penser aux coursives du navire, au port, à l'Angleterre lointaine... Qui me regrettera, là-bas ? Certainement pas Miss Killjoy – ni ce joli petit effronté de SaintClair ! Tiens, qu'est devenue Miss Killj...

« Aïe ! »

Cette fois, c'est moi qui ai heurté Tatiana ! Elle me lance un regard nerveux puis sourit. Mon oncle, distrait, n'a rien remarqué. Je ne devrais pas ressasser et battre la campagne comme ça, je risque de rater un *détail* imp❃rtant.

Sylvanus s'est arrêté là où le couloir fait un coude à angle droit. Au-delà, un mètre de couloir puis un mur de pierres étroitement ajustées – peut-être fausses, sculptées, mais un mur tout de même.

« Eh bien, il ne nous reste qu'à faire demi-tour, dit mon oncle.

– Faire excuse, coupe Tatiana, mais vous pas trouver ça bizarre ? Couloir taillé droit, gros travail architecte, juste pour donner sur mur...

– Si, bien sûr, répond mon oncle. Mais que pouvons-nous y faire ? C'est une sortie que nous cherchons... »
Je laisse les deux chercheurs discuter et j'examine la paroi. Mon oncle agite sa lampe pour souligner ses arguments, mais la lumière que je reçois me suffit pour observer le cartouche sculpté au milieu du mur : rond et barre formant le chiffre six.

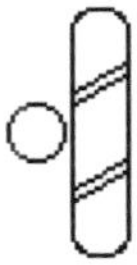

Tiens, tiens, le rond est creux et usé, comme si on en avait retiré quelque chose... Au fond de ce creux, je vois que la pierre a été incisée de cinq angles aigus. La poussière et le manque de lumière me gênent. Je peux tenter de me servir d'un objet pour mieux examiner le glyphe.
Si je n'ai pas d'idée, il ne nous reste qu'à regagner la grotte du scorpion, au **26**, celle où nous avait menés le plan incliné.

I – Tatiana est trop occupée à se disputer avec Sylvanus pour observer quoi que ce soit ! Au moins, ça me laisse libre de fureter.

II – J'ai remarqué un détail : juste avant l'angle du couloir, l'une des araignées de pierre n'a qu'un seul œil, entouré d'une décoration ronde. J'ai eu l'idée de combiner une pointe dans le trou, ce qui m'amène ici, à genoux devant la muraille. Normalement, je devrais entendre un clic et un pan de mur devrait s'ouvrir en soulevant de la poussière... Mais non, aucun mécanisme derrière ce trou dans la muraille !

III – J'ai noté un détail : avant l'angle du couloir, une des araignées sculptées n'a qu'un seul œil, cerclé d'une décoration ronde. J'ai eu l'idée de tenter une combine : éclairer le trou avec une allumette. Ce qui m'amène ici, à genoux devant le mur. L'orifice rond fait juste un pouce de profondeur, et en plissant bien les yeux, la flamme y révèle un minuscule glyphe en trois parties. Mon oncle, enfin attentif, suggère que le dessin signifie le mot « araignée ». Tatiana plisse les lèvres, elle pense plutôt qu'il s'agit du nom du dieu dont on a vu la statue dans la grotte. Je recopie le symbole en attendant qu'ils se mettent d'accord !

27 bis. La salle du puzzle de pierre

Ce lieu n'est pas accessible. Je ne peux l'explorer que si le texte m'y a invitée.

Oui ! Le mur coulisse en grondant à l'intérieur de la paroi, révélant un nouveau pan de couloir. Avec un choc sourd, la paroi mobile s'immobilise. Nous nous risquons tous les trois de l'autre côté, rendus un peu méfiants par la mésaventure du plan incliné. Mais le sol ne semble pas vouloir se dérober sous nos pieds, cette fois.

La porte secrète a révélé une section de couloir longue de trois ou quatre mètres, formant une courte salle. Le fond est à nouveau bouché par un mur.

« Encore ? » s'étonne mon oncle.

Sur la paroi qui nous fait face, une surface lisse a été divisée en plusieurs segments. Un énième mur mobile relié à des contrepoids ? Je l'espère ! Les segments sculptés sont des symboles mathématiques, mais agglutinés de manière curieuse, sans aucun sens. La chercheuse effleure du doigt l'interstice entre deux parties de cette fresque.

« Pierres mobiles, encore. Parties de la fresque, enfoncer, on peut.

– Comme pour constituer son propre glyphe, souffle mon oncle. Il faut choisir les parties utiles et les pousser. »

Je ne dis rien, mais ce puzzle de pierre au milieu d'une paroi me fait penser à une serrure de coffre-fort ! La clé de notre liberté ?

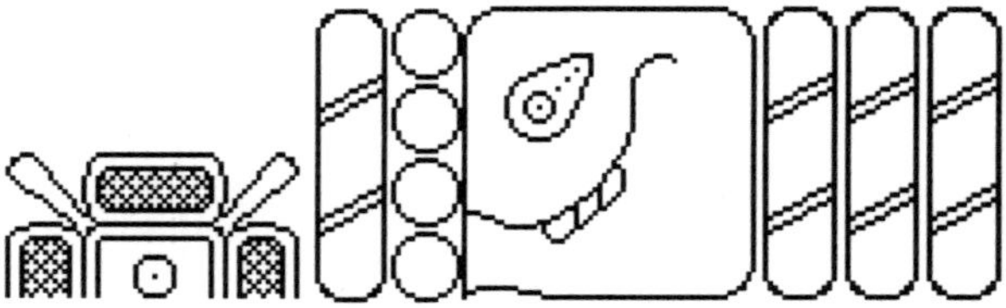

Mon oncle donne du poing contre le fond de la salle, mais c'est difficile de dire si le son est plein ou creux, avec les échos. Est-ce vraiment une issue, ou juste une impasse ? Si je ne trouve rien, nous pouvons rebrousser chemin vers le couloir de l'araignée, en **27**, et la grotte du scorpion, en **26**, pour revenir ici plus tard. Mais si je sais quel chiffre composer alors, ben, j'y vais !

I – Le doigt en l'air, Tatiana nous montre un orifice percé dans le haut d'un mur latéral. Un faible courant d'air passe par là, chargé d'humidité. Sans doute une aération reliée à l'endroit d'où provient le bruit d'eau que nous avons déjà entendu, ailleurs dans le souterrain.

II – Je tente de trouver un endroit où appliquer le levier de fer, mais le mur ne présente aucune prise. Ce n'est pas ça.

III – Avec cet objet, je peux distinguer ce que la poussière et l'ombre cachaient jusque-là. Le rond du chiffre six a été incisé ou taillé pour y figurer une étoile à cinq branches en creux. Et, tiens, tiens ! Je sens un léger souffle d'air venu de la base du mur. Il y a bien un passage à trouver ici !

28. Cénote

« Vous entendez le bruit de nos pas ? » dit Sylvanus. Oui, les échos sonnent plus forts à nos oreilles à mesure qu'on approche de la source d'eau. Un espace ouvert ! Le tunnel débouche sur une grotte qui s'étend à perte de vue... ce qui est facile, avec notre pauvre éclairage.
« *Voda !* »
Oui, de l'eau ! Pas besoin d'être polyglotte pour comprendre Tatiana. Elle est déjà agenouillée au bord du bassin souterrain parfaitement rond. Une eau sombre vient lécher les bords à pic, à un pied

sous le niveau de la caverne. Le bord est pavé de dalles aux joints étroits.
« Un cénote souterrain ! s'étonne l'archéologue. Les légendes des Indiens étaient donc vraies... Et si j'en crois tes notes, Emily, il est juste sous le centre de la pyramide ! Tu réalises ce que cela veut dire ? Les pyramides sont bâties sur des lieux liés à l'eau – des lieux sacrés ! Personne ne s'en était encore douté ! »
Mon oncle trépigne presque d'enthousiasme devant cette découverte.
Crac.
« Attention, mon oncle ! Regarde ce que tu as fait ! »
Sylvanus rougit en comprenant qu'il vient de piétiner des restes humains ! Tatiana nous a rejoints. Nous nous penchons sur le squelette blanchi. Les hanches sont entourées de lambeaux de tissus décolorés. Quelques longs cheveux adhèrent toujours au crâne, préservés par miracle. Un *détail* significatif, la cage thoracique défoncée : trois côtes bien parallèles comme trois barres bien droites ont été brisées par un coup violent, et cela n'a rien d'un accident. En un éclair, nous réalisons la tragédie qui s'est jouée ici.

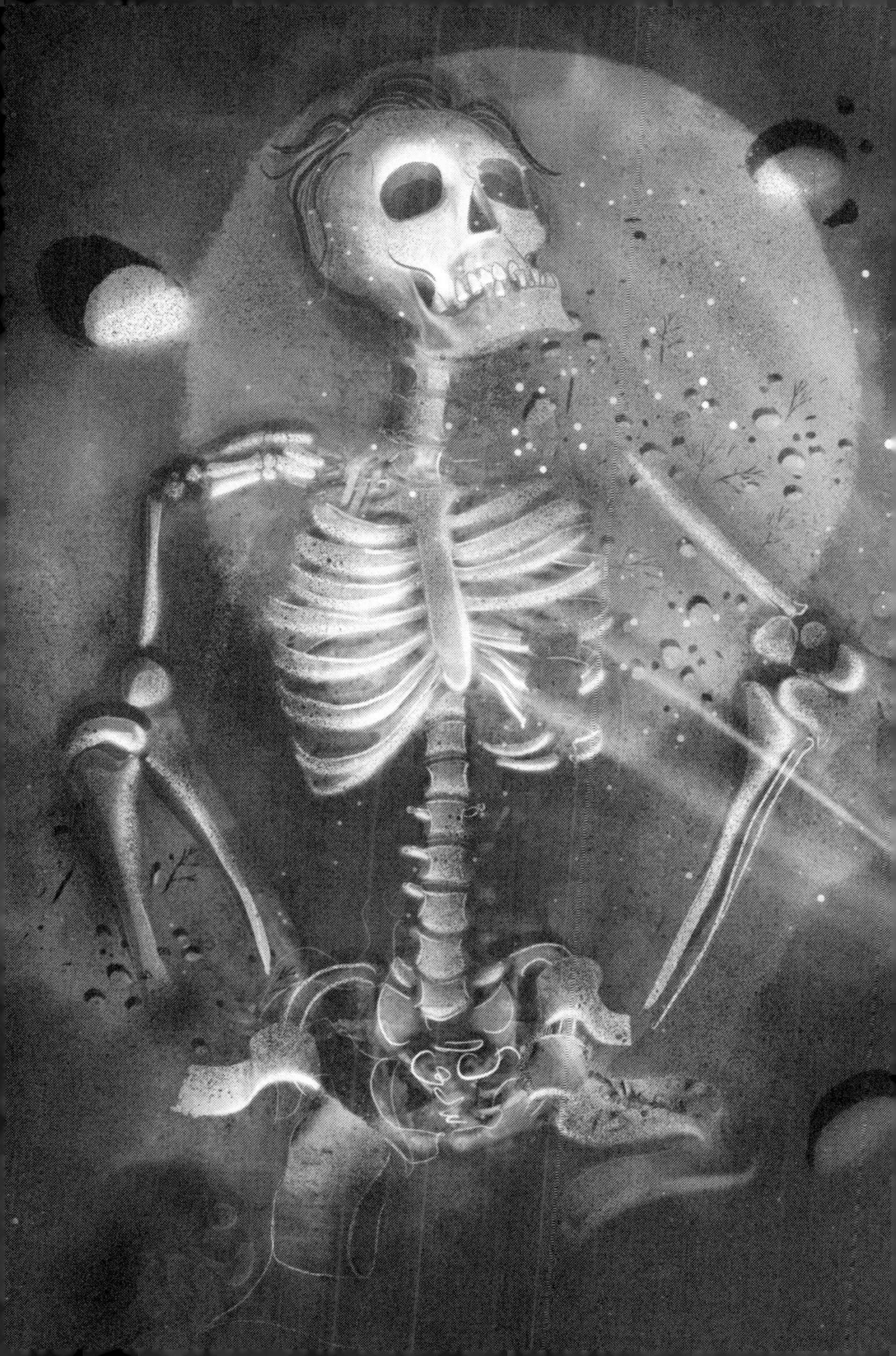

« Ce pauvre Maya a été assassiné, conclut mon oncle. Peut-être par celui qui a aussi poussé le moine Landa dans le puits...
– Ce seraient les restes de son interprète ? Celui dont il parle dans le manuscrit ?
– Oui, un guide indigène. Il a mené les conquistadors jusqu'ici, pour son malheur. Il a déchiffré les inscriptions pour eux, leur a révélé les secrets du masque de jade et des roues du destin.
– Mais qui a pu lui faire ça ?
– L'homme dont on a retrouvé le squelette, dans la jungle. Un soldat qui voulait conserver tout le butin pour lui seul et qui ne l'a pas emporté au paradis ! »
Je me récrie :
« Le soldat retrouvé dans la jungle... Alors il y a bien un moyen de sortir de cette pyramide !
– Vous, voir ça, dit Tatiana. Sa main. Pas naturel, ça être. »
En effet, les doigts blanchis serrent encore une sorte de papier plié et un bout de charbon taillé en pointe ! Pour un peu, ce manuscrit serait tombé dans le cénote. Oncle Sylvanus déplie avec précaution le document. À la lumière électrique, la richesse du contenu nous stupéfie.

Des dizaines et des dizaines de glyphes colorés, alignés autour de portraits de dieux et de hauts personnages. Sous certains signes, l'interprète a griffonné un mot ou deux à la pointe de charbon avec notre propre alphabet. Le Maya avait bien retenu les leçons du moine espagnol.

« C'est superbe ! Une vraie mine d'informations ! Si jamais nous sortons d'ici, Emily, ce sera le clou de nos découvertes ! Le codex de la cité perdue !

– Codex ? demande Tatiana, surprise. »

Moi, je me rappelle avoir lu le mot dans l'article de l'*Encyclopædia Britannica*.

« Un livre plié et peint. La plupart ont été brûlés par les conquistadors. Les Mayas n'avaient pas seulement une écriture pour les monuments, ils avaient aussi de vraies bibliothèques ! Un trésor pour les chercheurs !

– Qu'est-ce que c'est, à la dernière page ? » remarque mon oncle.

Sur la surface blanche un peu craquelée, un glyphe, transcrit dans notre alphabet d'une main tremblante, puis un mot étrange (voir le codex dans Mes Documents, page 224). L'écriture est affolée, comme si c'était la dernière chose que le Maya avait écrite avant de rendre l'âme !

« Qu'est-ce que ce malheureux a voulu nous dire ? J'ai déjà entendu ce mot maya, il veut dire... "ouverture" ! Enfin je crois...
– Ou alors, ça vouloir dire : "piège" ! »
L'archéologue et la Russe commencent à discuter en désignant le codex du doigt, incapables de tomber d'accord... Je les rappelle à la raison.
« Avant tout, il faut sortir ! Ou cette découverte va rester enfermée avec nous.
– Tu as raison, Emily. Faisons le tour du bassin, on trouvera peut-être par où le soldat est sorti. »
Sylvanus enveloppe avec précaution le codex et le glisse dans ses affaires. J'ai noté le dernier mot du Maya sur mon plan à côté du cénote.
Nous tournons le dos au squelette pour reprendre la marche. Sur l'eau, l'étincelle électrique allume des reflets dorés et des paillettes jaunes. La surface est parcourue de longues ondulations. C'est moi qui en trouve la source, au sens propre : à quelques pas du squelette, un filet d'eau qui s'écoule de la bouche d'un visage de pierre à moitié immergé. La face de calcaire blanc est tachée de jaune par le temps et l'humidité. À cet endroit du bord, le sol est quadrillé. Cette fois, c'est mon oncle qui se met à genoux et qui

époussette la couche de poussière pour révéler ces nouveaux signes :

Je tends déjà la main pour caresser les symboles, mais Tatiana m'arrête d'un geste de la main.
« Pas droit à erreur, tu as, Emily. Peut-être un autre mécanisme, c'est. Avant toucher, toi expliquer et moi passer en noir les glyphes que tu dis, avec vieux charbon. Quand on sera sûrs, on poussera glyphes. »
Je hoche la tête et commence à réfléchir. Machinalement, mes yeux cherchent à reconnaître le signe à tête d'oiseau et les deux glyphes du nom interdit, mais ça ne peut pas être si simple ! Dans

ma tête volent les remarques de mon oncle et de la jeune chercheuse : l'écriture maya, des hiéroglyphes ou un alphabet – ou tout autre chose ? Que verra-t-on sur ce panneau quand Tatiana aura suivi mes instructions et noirci les glyphes choisis ?
Je peux continuer à visiter le réseau souterrain dans l'espoir de trouver des informations encore manquantes, ou l'issue utilisée par le conquistador. La grotte au cénote ne possède qu'une seule sortie, le tunnel du faucon creusé par l'érosion (au **29**) et qui nous ramènera à la grotte du scorpion.

I – Tatiana a remarqué quelque chose sur le bord du cénote opposé à la statue. Elle se penche et me montre du doigt la margelle érodée par l'eau. Dans un cartouche sculpté, on distingue encore les points et les barres du glyphe pour le chiffre douze. C'est presque la même sculpture qu'aux pieds du dieu inconnu, dans la première grotte visitée ! Tous ces chiffres doivent être liés.

II – Je déplace les plaques avec précaution pour reconstituer la course du dieu solaire. Dans la lumière jaune de la lampe, j'essaie de trouver une solution pour que le Soleil parvienne au bout de la nuit. Aïe, ça ne marche pas, je me heurte à un mur ! Ce n'est pas la bonne disposition.

III – En me penchant sur les trois côtes brisées, je remarque un détail : le fer d'un poignard espagnol repose dans la cage thoracique ! Une croix ✠ marque encore le métal taché de rouille. Mon oncle n'élève pas d'objection en me voyant récupérer la lame avec précaution, peut-être parce qu'il a honte de la manière dont il a lui-même piétiné le squelette ancien (Mes Objets, page 202).

29. Tunnel du faucon

Oncle Sylvanus a pris la tête de notre progression, sa lampe levée haut devant lui, et je ferme la marche avec le bloc à dessin de Tatiana entre les mains. Je me sens fière du travail qu'elle m'a confié ! La lumière hésitante révèle un couloir dont le sol s'étage en gradins naturels, comme de très longues marches. La nature a imité le travail de l'homme de manière vraiment étonnante, et si nous n'étions pas prisonniers de ces lieux, ce serait un endroit splendide à visiter.
Tout en levant haut les jambes pour avancer, j'entends mon ventre gargouiller. Je n'ai rien mangé

depuis une éternité et ma musette est vide ! Plus un seul bout de viande séché ou de tortilla. Et si c'était de faim qu'on mourait, ici ? Ça ne sera pas de soif : j'entends toujours le discret bruit d'eau quelque part devant nous. Si la jeune Slave et mon oncle agitent les mêmes pensées, ils me le cachent bien. Le couloir naturel fait plusieurs virages sinueux, jusqu'à un angle où la roche apparaît d'un blanc éclatant sous...

« La lumière ! »

Oui ! Là où le boyau s'élargit, un rayon de lumière tombe de la voûte ! Le faisceau frappe un trou du sol où les creux dans la couche de poussière laissent deviner qu'on a gravé quelque chose, il y a très longtemps. Sous le regard d'oncle Sylvanus, je me mets à genoux et, avec les outils de ma trousse d'archéologue, je nettoie doucement l'inscription. Au lieu d'une série de glyphes, la brosse révèle un profil d'oiseau stylisé, fier, les ailes déployées au vent. On dirait un faucon. Un symbole du monde d'en haut ? Je lève les yeux vers mon oncle, curieuse de savoir ce qu'il en pense.

« Ne me regarde pas, Emily. Pour le moment, c'est toujours toi qui nous as tirés d'affaire, ma petite archéologue en herbe ! »

Je réponds d'un sourire. Mon oncle sait comment me redonner le moral ! Il y a un instant, je ne pensais qu'au risque de mourir de faim. Maintenant, me voilà à réfléchir sur cette nouvelle énigme posée par ceux qui ont élevé et aménagé ce piège !
« Lumière, d'où venir ? » demande Tatiana.
Nous plissons les yeux en direction du plafond. Une fissure large comme la main perce la voûte arrondie. La roche tendre a dû être taraudée sur des dizaines de mètres, il y a des siècles de cela.
« Peut-être un orifice sur un bord de la pyramide et que mes hommes n'ont pas remarqué, suppose mon oncle. Ce boyau est trop haut pour appeler à l'aide...
– Et qui entendrait ?...
– Trop petit. Rien pouvoir passer ! Pas pouvoir faire quelque chose avec. Mais le couloir, se poursuivre. »
Tatiana dit vrai : le tunnel se rétrécit et fait un nouveau coude qui intercepte la lumière. La suite du boyau est donc plongée dans le noir. Nous reprenons notre route, laissant derrière nous le petit sanctuaire. C'est peut-être le seul endroit éclairé de tout le souterrain, une oasis de lumière.

« *Oy* ! »
Tatiana peste, elle a heurté quelque chose du bout de sa botte. Elle se penche et ramasse ce qui s'avère être une torche presque entièrement calcinée qui tombe en morceaux entre ses doigts. Sylvanus hoche la tête : encore une preuve que nous avons été précédés ici, et on devine facilement par qui.
Le tunnel bifurque en **Y**, comme on dessine les langues de serpent ! Je reproduis méthodiquement la forme sur le bloc de papier, davantage appliquée qu'au cours de dessin à Lockwood.
La branche de gauche se termine presque aussitôt en cul-de-sac. Il y fait noir comme dans un four, et même la lampe électrique ne parvient pas à éclairer les recoins du plafond cachés par des ressauts de la roche près de l'intersection en Y. Il y a peut-être quelque chose à trouver dans l'ombre.
La branche de droite ressemble au chemin suivi jusqu'au sanctuaire du faucon. Le son de l'eau se fait plus fort, répercuté par les parois blanches striées de gris. Cette extrémité du tunnel débouche au **28**.

La dernière branche est le tunnel déjà emprunté, qui permet de revenir en arrière jusqu'à la grotte aux scorpions, en **26**.

I – À genoux, Tatiana caresse l'animal stylisé éclairé par la lumière. Alors que je griffonne pour reproduire le sanctuaire à l'échelle, oiseau inclus, je l'entends murmurer : « *li-tzi*... » Sylvanus la regarde avec curiosité. « Mot maya pour oiseau de proie de la jungle. Ou faucon. » Mon oncle secoue la tête. « Des *détails*, Demoiselle, des détails dérisoires, dépourvus de discernement ! » dit-il doucement. Je suis surprise d'entendre mon oncle parler ainsi, ça n'est pas naturel pour lui. Il a parfois des manières particulières de faire la *conversation*, mon oncle !

II – Après avoir demandé à mon oncle et à Tatiana de reculer, je verse dans un papier un peu de magnésium pris dans la bouteille opaque. J'en fais un tortillon avant d'y mettre le feu et de lancer ce petit pétard en direction du plafond de l'impasse... et bang ! l'éclair chimique illumine tout le cul-de-sac comme en plein jour ! J'ai juste le temps d'apercevoir, là où le faisceau électrique ne parvenait pas, des signes familiers :

III – Alors là, je prends un gros risque : celui de me ridiculiser. C'est même à se demander comment une combine pareille a pu me venir à l'esprit ! Sous le regard surpris de mon oncle, je froisse la carte abîmée que je transporte sur moi depuis huit jours, puis je perce la boule de papier avec la lame rouillée. J'approche enfin une allumette, ouille, ça chauffe ! Et d'un mouvement sec du poignet, je lance l'arme en direction du plafond. Par chance, elle se coince dans une anfractuosité au lieu de me retomber dessus. À la lumière des flammes, là où le faisceau de la lampe électrique ne parvenait pas, on discerne les glyphes familiers du chiffre 24...
Puis pfuit ! la lumière s'éteint. Un instant plus tard, la lame finit par retomber et se fiche dans le sol. Je la récupère, mais je raie la carte de Mes Objets. Je ne suis pas près de retenter un coup pareil !

30. Salle du miroir

Ce lieu n'est pas accessible. Je ne peux l'explorer que si une énigme m'y a conduite.
Je presse les bonnes sections, et avec un grondement, une ligne noire irrégulière apparaît de haut en bas du mur, comme une lézarde. Les deux pans de mur s'écartent à regret en faisant

trembler toute la petite pièce, révélant un grand espace rempli d'échos.
J'ai bien fait de noter les quatre numéros cachés dans tout le souterrain ! Ils étaient dans le désordre, mais venaient tous de la même table de multiplication… Il ne manquait que le cinquième chiffre, que j'ai formé en enfonçant le carré et deux barres. Je cherchais d'abord quelque chose de compliqué alors que c'était tout simple ! Finalement, mes cours d'arithmétique m'auront servi à quelque chose.
Je fais un pas en avant dans la nouvelle pièce, mais oncle Sylvanus pose une main protectrice sur mon épaule. Il lève bien haut la lampe abîmée et avance dans la pièce à ma place. La grande salle rectangulaire a été taillée dans la roche, dont on voit encore les courbes douces entre les piliers carrés. Ici, le travail de la nature et la main de l'homme se sont conjugués pour créer un sanctuaire d'une pure beauté ! Des éclats de cristaux incisés dans le calcaire accrochent la lumière électrique et se parent de rayons de toutes les couleurs. Le spectacle est féerique !
Mon oncle avance à pas prudents sur les dalles parfaitement assemblées. Tatiana et moi le

suivons de près, les yeux grands ouverts, à l'affût d'un *détail*, mais ici il n'y en a pas. À l'opposé de l'entrée se dresse un autel de pierre blanche surplombé par une plaque d'un noir de jais qui reflète la lumière. Je presse la main sur ma bouche : j'ai cru y voir danser des fantômes pâles dans les ténèbres ! Le spectre d'Iktan ? Sylvanus s'approche et pose ses doigts sur la surface lisse.

« Un miroir d'obsidienne, dit-il. De la pierre volcanique, parfaitement polie et préservée. C'est extraordinaire, je n'en ai jamais vu de cette taille ! »

En me rapprochant, l'angle change. La pierre lisse reflète le couloir derrière nous et donne l'illusion d'un tunnel plongé dans le noir et qui s'amenuise dans le lointain, comme une invitation à s'enfuir. Inutile d'imaginer briser le miroir pour trouver une sortie derrière, l'obsidienne fait deux bons pouces d'épaisseur !

Sur l'autel au pied du miroir, je reconnais deux glyphes familiers, séparés par trois espaces creux.

« C'est bizarre, non ? je dis. C'est comme si la fresque n'était pas finie !

– Tu as raison, Emily, c'est curieux. »

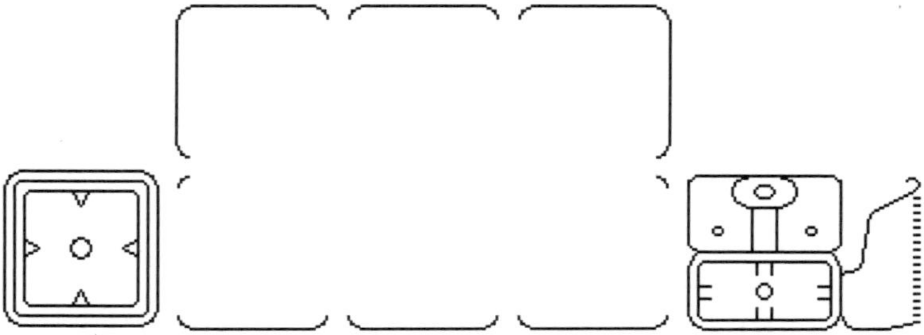

Tatiana nous interrompt.

« Là, voyez plaques en caillou ! »

Trois rectangles de pierre de la taille d'un couvercle de boîte à chapeau reposent en effet dans une niche près de l'autel. J'y reconnais les symboles de plusieurs astres au-dessus de drôles de glyphes. On dirait des toiles d'araignées dessinées par un peintre abstrait pas vraiment inspiré. Ou bien...

Je les retrouve p.267 pour les assembler plus facilement.

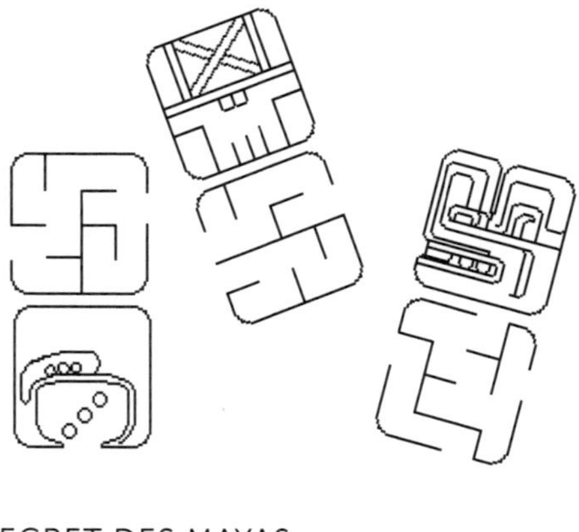

« Un labyrinthe ! souffle mon oncle. Et tu as remarqué ? Les trois plaques font exactement la taille des creux dans l'autel !
– Tu crois que nous devons...?
– Peut-être. Le soleil, un labyrinthe... Je connais cette légende. Ces glyphes montrent la renaissance du Soleil chaque matin, après sa traversée du monde d'en bas. Les dieux de la nuit tentent de l'égarer sous terre, mais il sort toujours vainqueur. »
La jeune chercheuse russe se redresse, électrisée.
« Vous pensez que, ces glyphes la sortie, montrer ?
– Ce serait logique : nous aussi nous sommes dans un souterrain, à buter sur des obstacles... Peut-être que si on place convenablement les trois signes sur l'autel, quelque chose va se passer ! »
Avec le mal qu'on s'est donné pour atteindre cette salle, moi aussi j'espère que l'issue du monde souterrain est proche ! Je saisis l'une des plaques pour la poser sur l'autel et je commence à réfléchir.
Si pour une raison quelconque, je souhaite revenir en arrière, la porte cachée nous ramènera au **27 *bis*** et son puzzle de pierre, au couloir de

l'araignée, en **27**, et à la grotte aux scorpions, en **26**.

I – Tatiana me regarde faire des essais avec les plaques et secoue la tête. Observatrice comme elle est, elle devine que quelque chose ne va pas, il y a toujours un élément qui bloque et empêche le passage du Soleil.

II – Je dispose les glyphes avec précaution, c'est lourd, la pierre ! Mon oncle m'éclaire avec sa lampe alors que je suis du doigt la progression du Soleil. Mais je me heurte à un mur. Non, ce n'est pas ça !

III – J'ai compris le vrai sens de ce jeu, bien sûr. Il ne montre pas une sortie triomphante au grand jour. Il montre au contraire le Soleil empêché de progresser, retenu dans la nuit par un astre cruel, comme *éclipsé*. Je l'explique à mon oncle. Il réfléchit à voix haute : « Alors ces glyphes sont peut-être une prophétie maya sur la fin des temps. La disparation du Soleil... » Tatiana remarque, inquiète : « Donc ces signes, pas la sortie indiquer, et nous rester prisonniers en bas comme Soleil... » Aïe, aïe, aïe ! Cette salle-là n'est pas du tout une issue, je me suis trompée depuis le début !

CARNET D'EXPLORATRICE

RÈGLES DU JEU

Avez-vous déjà participé à un *escape game* ? Un jeu où les participants doivent s'échapper en une heure d'un lieu fermé. L'*escape book* reprend le même principe, sans temps limité. Votre héros est enfermé, à vous de le faire sortir ! Votre lecture est un parcours : vous explorez, vous résolvez les énigmes, vous choisissez quel objet utiliser.

EXPLORER LES LIEUX 1, 2, 3

Chaque chapitre est divisé en **lieux numérotés**, avec un **plan**.

– Vous commencez le chapitre par le lieu **1**, puis vous utilisez le plan pour choisir le lieu suivant à visiter.

– Un lieu est **fermé** ? La clé est ailleurs ! Vous reviendrez quand vous l'aurez (voir : Combinaisons).

– Un lieu existe, mais son numéro n'est pas sur le plan ? Il ne faut pas le lire, c'est un **lieu caché**, qui n'est accessible que par une énigme (voir : Énigmes).

LES PETITS I, II, III

Les petits paragraphes **I, II, III** sous les lieux numérotés **ne doivent pas être lus sans autorisation**. Il s'agit de solutions d'énigmes (voir : Énigmes, Combinaisons).

CONVERSATIONS

Il s'agit de vos interactions avec les autres personnages. Le texte (ou une énigme) vous enverra parfois vers **la section Conversations** (page 226). Elles sont désignées par des lettres, par exemple Conversation **B**.

ÉNIGMES

Le lecteur devra résoudre plusieurs énigmes : message codé, combinaison de serrure, trouver un renvoi caché dans le texte ou un dessin. Les solutions peuvent ressembler à un **chiffre**, ou à un petit **I, II, III**, ou à une **lettre**.

Exemple 1 : vous êtes dans une oubliette. Sur l'image, vous remarquez un ***31*** *sur une brique mal scellée. Un passage secret ? Allez vérifier au lieu* ***31****.*

Exemple 2 : le mur s'ouvre sur un tunnel, le lieu caché ***31****. Mais il se termine sur une grille ! Le texte dit que deux barres parallèles*

sont rouillées. Deux barres, ça ressemble au chiffre romain ***II****.*
Allez voir en **31,II***. (le petit* ***II*** *sous le lieu* **31***).*

Exemple 3 : les deux barreaux cèdent ! Hélas, quelqu'un surprend votre évasion et vous interroge : « Je suis le bourreau, mais ma hache n'a jamais coupé le souffle de personne. Quelle hache ? » La réponse est la lettre H... Allez en Conversation ***H****.*

COMBINAISONS

Le **tableau des Combinaisons** (page 203) permet les actions, comme associer :

– un objet, une info + un élément de décor ;

– un objet, une info + un personnage.

Exemple 1 : vous possédez une clé 🗝, vous êtes devant une porte dont la serrure ressemble à ♀... Le tableau des Combinaisons indique : 🗝 + ♀ => voir **32,III**. *La porte s'ouvre, dans le petit* ***III*** *sous le lieu* **32** *!*

Exemple 2 : un cadenas 🔒 alphanumérique ! Vous pensez que le code est 852. Le tableau des Combinaisons indique : 852 + 🔒 => voir **33,I**.

Exemple 3 : je veux montrer la clé 🗝 à un homme 😐. Le tableau des Combinaisons indique : 🗝 + 😐 => voir Conversation **Z**.

GLYPHES

Quand vous découvrirez des glyphes mayas (les symboles de leur écriture), notez bien leur signification dans Mon dictionnaire maya (page 216). C'est important !

AUTRES RÈGLES

– Objets, documents : cochez vos trouvailles dans les listes Mes Objets (page 196) et Documents (page 212).

– Indices : la page d'Indices (page 259) remplit le même rôle que le *game master* dans un *escape* en salle. N'hésitez pas à la consulter si vous « bloquez ».

On peut télécharger les notes et annexes sur le site de 404 Éditions, pour imprimer les pages les plus consultées (Mes Objets, Documents, Combinaisons, Indices) ainsi que les puzzles à découper.

Il ne vous reste plus qu'à commencer votre lecture par le prologue (page 7) !

MES OBJETS

Je coche dans cette liste les objets à mesure que je les trouve dans les lieux explorés. La plupart des objets portent un symbole qui peut servir à les combiner avec autre chose (voir tableau des Combinaisons, page 203).

☐ **Carte étanche** 🌎

Une carte fournie par la compagnie de navigation, imprimée en couleurs pimpantes sur un papier épais et brillant, résistant à l'eau. Des traits fins indiquent les lignes régulières empruntées par les navires de passagers comme le RMS *Plutonic*. J'ai plié la carte en deux pour la glisser dans ma poche. L'échelle est trop grande pour représenter des sentiers dans la jungle ou les routes du Honduras britannique.

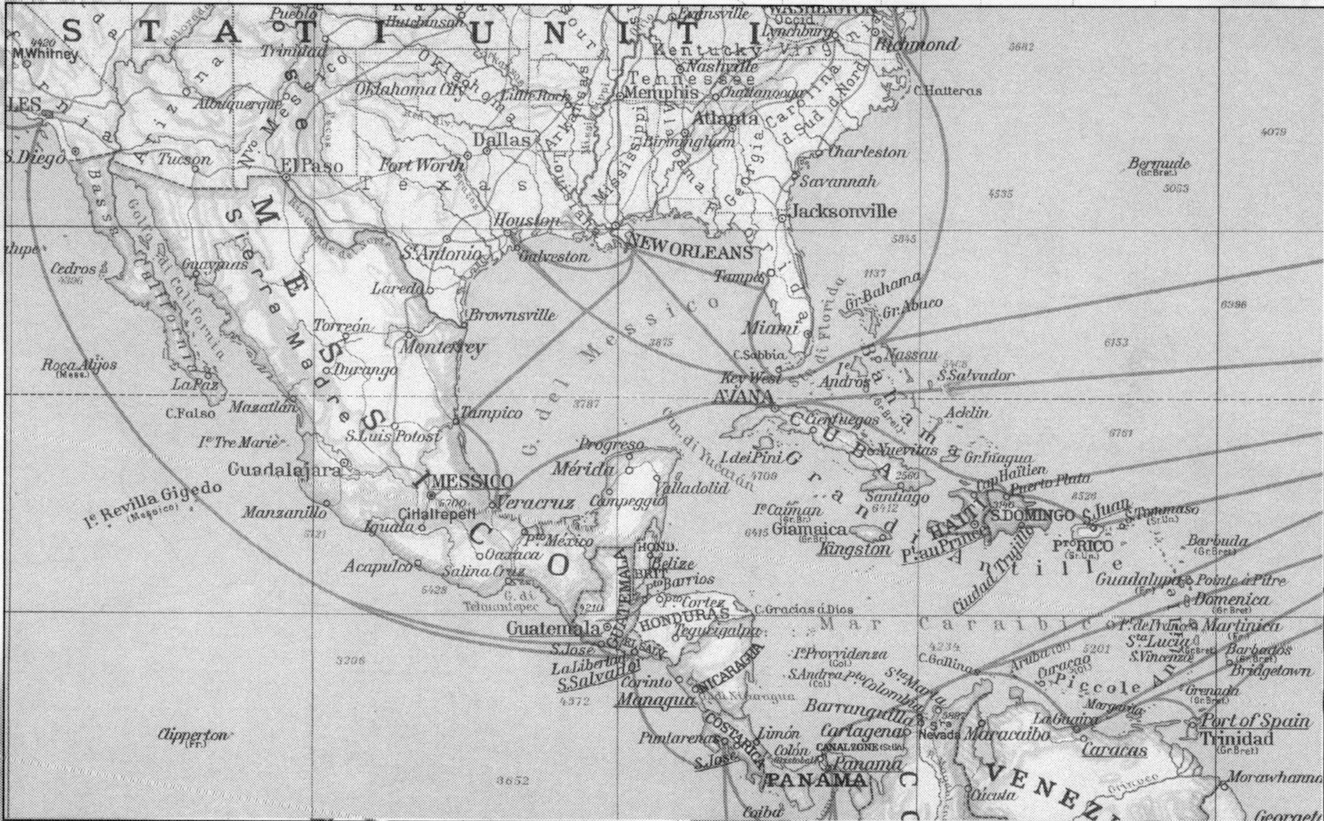
STATI UNITI
M.Whitney
Pueblo
Hutchinson
Trinidad
Evansville
WASHINGTON
Lynchburg
Richmond
Kentucky
Virginia
Nashville
Tennessee
Memphis
Chattanooga
Oklahoma City
Oklahoma
Little Rock
Arkansas
Albuquerque
Arizona
Nvo Messico
C.Hatteras
Atlanta
Carolina d.Sud
Carolina d.Nord
Dallas
Birmingham
Mississippi
Alabama
Georgia
Louisiana
Charleston
Savannah
Jacksonville
S.Diego
Tucson
El Paso
Fort Worth
Texas
Houston
NEW ORLEANS
Galveston
S.Antonio
Tampa
Florida
Bermude (Gr.Bret.)
Cedros
Guaymas
Golfo di California
Bassa California
Sierra Madre
MESSICO
Laredo
Brownsville
Gr.Bahama
Gr.Abaco
Torreón
Monterrey
Miami
Roca Alijos (Mess.)
Durango
La Paz
Nassau
C.Sabbia
Key West
Andros
S.Salvador
AVANA
Bahama
Mazatlan
C.Falso
Tampico
S.Luis Potosí
G. del Messico
C.Cienfuegos
Acklin
Is Tre Marie
Progreso
CUBA
Nuevitas
Gr.Inagua
Mérida
I. dei Pini
Guadalajara
MESSICO
Valladolid
Santiago
Haïtien
Puerto Plata
Is Revilla Gigedo (Messico)
Veracruz
Campeggio
Cittaltepetl
Is Caiman
S.Domingo
S.Juan
S.Tommaso
Manzanillo
Iguala
Giamaica (Gr.Br.)
HAITI
Pto RICO (St.Un.)
P.au Prince
Kingston
Barbuda (Gr.Bret.)
Pto México
Oaxaca
HOND.
Belize
Ciudad Trujillo
Grandi Antille
Acapulco
Salina Cruz
Barrios
Guadalupa
Pointe à Pitre
G. di Tehuantepec
Pto Cortez
Domenica (Gr.Bret.)
GUATEMALA
HONDURAS
C.Gracias á Dios
Guatemala
Tegucigalpa
Mar Caraibico
Ft. de France
Martinica
S.Jose
S.Lucia
Barbados
La Libertad
S.Salvador
Is Providenza (Col.)
C.Gallinas
Aruba
Curaçao
S.Vincenzo
Bridgetown
Corinto
S.Andrea (Col.)
Pto Colombia
Sta Marta
Piccole Antille
Grenada (Gr.Bret.)
Managua
NICARAGUA
Barranquilla
Margarita
Clipperton (Fr.)
Limón
Cartagena
Maracaibo
La Guaira
Port of Spain
Puntarenas
COSTARICA
Colón
CANAL ZONE
Caracas
Trinidad (Gr.Bret.)
S.José
Panama
PANAMA
VENEZUELA
Morawhanna
Cúcuta
Coiba
Georgetown

☐ Épingles à cheveux ✧

J'en possède plusieurs, passées dans mes cheveux. Elles sont en métal fin, décorées d'un losange et peuvent se tordre à volonté. Je me demande pourquoi je me fatigue encore à en utiliser, dans ma situation ! Mais ces objets pourront me servir à autre chose qu'à arranger ma coiffure, ce dont je ne soucie pas beaucoup !

☐ Jeton de casino ♠

Un jeton en bakélite lisse et brillant, gravé d'un as de pique. On peut lui trouver une certaine valeur à bord, puisqu'il est échangeable contre de l'argent au salon de jeu – mais aussi dans le port, où les marins se livrent à mille petits trafics.

☐ Passeport

Enfin, le précieux sésame pour franchir les douanes ! Le document indispensable pour une jeune fille éprise d'aventures et de voyages. La directrice du pensionnat a fait établir mon passeport tout exprès pour la traversée, la photographie aux tons sépia est toute récente. La page des visas est vierge de tout tampon… pour le moment !

☐ Médaillon en croissant ☽

Un disque de métal qu'on a découpé pour lui donner la forme d'un croissant. Ce pendentif a peu de valeur. L'objet est poli et usé comme s'il avait souvent été manipulé, passant de main en main durant des décennies ou des siècles. Je me demande ce qu'est devenu le disque qui a été retiré pour lui donner cette forme, et qui doit pouvoir y être réajusté. Est-ce un message ou un indice laissé par oncle Sylvanus ?

☐ Outils d'archéologue ⚒

Dans une poche de cuir dont les coins sont noués, une truelle brillante (ah ! enfin !), plusieurs crayons à mine de plomb, et tout un assortiment de pinceaux fins ou épais. Tout le nécessaire pour dégager précautionneusement des restes... ou pour creuser, puisqu'il n'y a bizarrement aucune pelle dans le camp.

Détail curieux : l'un des pinceaux porte des traces blanches, alors que cet instrument ne devrait pas servir à peindre, mais à dépoussiérer les vestiges.

☐ **Magnésium** ☼

Contenu dans un flacon de verre teinté en brun, bouché à l'émeri. C'est tout ce qui reste de l'appareil photo qui aurait dû immortaliser les plus beaux moments de l'expédition Sylvanus. Il y en a assez pour une dizaine d'utilisations. L'étiquette précise qu'une petite quantité suffit à obtenir un beau flash. Enflammer une trop grande quantité est dangereux !

☐ **Crâne de cristal** ☠

On dirait la boule de cristal d'une diseuse de bonne aventure ! La surface est merveilleusement lisse : le fait que les Mayas aient été capables de produire un objet si parfait me stupéfie. En dessous des orbites parfaitement rondes, une mâchoire épaisse, aux dents grosses comme des dés à jouer. Le cristal pèse lourd, mais heureusement le crâne est plus petit que nature. Il ne serait pas à sa place sur le cou d'un Oscar en salle de biologie, à Lockwood ! Je choisis de conserver sur moi la découverte de mon oncle. Qui sait si un espion de Hedges ne traîne pas dans les parages ?...

☐ Fougères brunes

J'utilise la truelle d'archéologue pour couper plusieurs fougères brunes dans la clairière. Elles sentent fort, mais de là à dire qu'elles sentent bon... Une tige nouée autour, et voilà un beau bouquet ! Je vais avoir l'air maline à me promener avec ça dans la jungle, comme une archéologue du dimanche.

☐ Masque de jade

Un superbe facial fait de morceaux de jade imbriqués et polis ! Le butin du conquistador. Les traits sont nobles, la face couronnée de breloques comme celles que j'ai pu voir sur les fresques du camp. Le portrait d'un roi, d'un guerrier ? ou un outil cérémoniel pour les prêtres mayas ? La bouche est évidée, de même qu'une des orbites : celle de l'œil gauche. On voit à travers quand on approche le masque de son visage.

Sur le revers du masque, des lettres d'un brun sombre sont lisibles. Le conquistador a trouvé la force d'y inscrire ses derniers mots d'un doigt tremblant, comme dans un roman ! Je ne comprends pas l'espagnol, mais Iktan traduit pour moi : *Vénus éclipse le soleil.* Encore un mystère.

Je peux découper le masque en page 269.

☐ Allumettes

Une boîte d'allumettes tout à fait ordinaire, avec un grattoir sur le côté. Il y en a une bonne quantité pour le moment. De toute façon, la grosse lampe électrique de mon oncle nous éclaire bien… mais qui sait combien de temps dureront les piles ?

☐ Levier

Un solide levier de fer, recourbé aux deux bouts, un peu vieillot mais bien utile pour jouer les pilleurs de tombe… ou, je l'espère, pour s'évader ! Il a traversé les siècles sans trop rouiller dans l'atmosphère sèche de la pyramide. Je suis impatiente de forcer une issue ou un mécanisme avec ! Ah, si j'avais eu ce levier en main face à Albert Hedges, on n'en serait pas là !

☐ Corde de fibres

Un rouleau d'environ dix mètres tressé avec des lianes ou d'autres végétaux choisis avec soin. Les fibres s'entrelacent avec des galets sculptés. La corde a peut-être été placée là à des fins rituelles. Préservée par l'atmosphère sèche du tombeau scellé, elle n'a pas pourri.

Les artisans mayas avaient un savoir-faire unique : j'ai beau tirer, la corde semble résister. Elle devrait supporter mon poids pour une utilisation ou deux, enfin je l'espère !

☐ **Médaillon de pierre** ✪

Rond et de la taille de ma paume, il fait un bon centimètre d'épaisseur. Une étoile à cinq branches a été taillée en relief au centre. Oncle Sylvanus ne sait pas trop s'il s'agit d'un bijou perdu ou d'une offrande à un dieu, mais c'est clairement un objet ancien et fait de la main d'un Maya. La pierre pèse lourd, je plains celui ou celle qui la portait au cou, si c'est bien un médaillon !

☐ **Lame espagnole** ✠

Une lame au bord dentelé de rouille, encore marquée d'une croix espagnole : l'arme d'un mercenaire. La poignée de cuir ou de bois a disparu depuis longtemps et il ne reste plus qu'un moignon de métal tordu en guise de manche. Pas vraiment l'instrument idéal pour trancher dans le vif. J'espère pouvoir placer un jour cette lame dans une vitrine du British Museum, quand nous serons sortis de là.

COMBINAISONS

Je peux combiner :

– **objet + endroit** (clé + porte) ;

– **chiffre + endroit** (combinaison + cadenas) ;

– **objet + personnage** (je donne ou montre l'objet au personnage).

Chapitre 1 : À BORD DU STEAMER RMS *Plutonic*

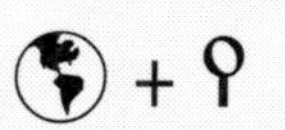	Voir **1,I**.
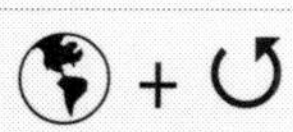	Le croupier refuse cette mise.
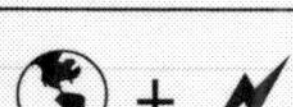	Voir **4,II**.
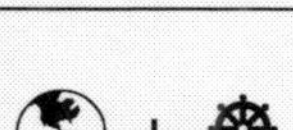	Je tapote le coffre avec. Rien.
	Voir **1,II**.

⟐ + 🌎	Voir **1,III**.
⟐ + ↻	Le croupier refuse cette mise.
⟐ + ϟ	Voir **4,III**.
⟐ + ☸	Pas de trou de serrure !
18.05.11 + ↻	Voir **3,II**.
♠ + ↻	Conversation **O** (page 242).
♠ + ϟ	Voir **4,I**.
05.05.10 + ☸	Voir **6,I**.
08.06.27 + ☸	Voir **6,II**.
08.06.85 + ☸	Voir **5,II**.
12.34.56 + ☸	Sérieusement ? Je passe et je manque !
18.05.11 + ☸	Voir **5,III**.
19.20.35 + ☸	Voir **5,I**.
35.19.20 + ☸	Voir **6,III**.

Chapitre 2 : LE CAMP SYLVANUS

S + ✧	L'homme ne réagit pas.
S + ☽	Voir Conversation **E** (page 229).
S + ☼	Je ne vais pas mettre le feu au bonhomme !
S + 🛠	Voir **10,II**.
🛠 + 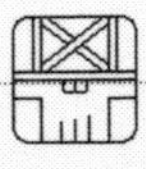	Cela ne sert à rien.
🛠 + 	Voir **8** bis,**I**.
🛠 + 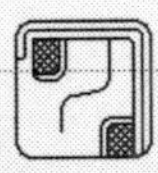	Voir **8** bis,**II**.
🛠 + 	Voir **13,II**.
🛠 + ν	Voir Conversation **V** (page 249).
☽ + 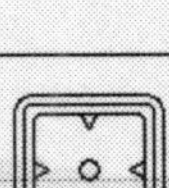	Je regarde trop de dessins animés...

☽ + ☼	Je ne devrais pas posséder ces deux objets en même temps.
☼ + ⋇	Voir **13,I**.
☼ + 	Cela ne donne rien.
a + *b*	Voir **12,I**.
f + ☽	Voir **12,II**.
v + *v*	Cela mène à une Conversation : laquelle ?
z + 🌎	Le mur de crânes ne figure pas sur la carte.

Chapitre 3 : DANS L'ENFER VERT

☠ + ◈	Voir Conversation **U** (page 249).
☼ + 卐	Voir **15,II**.
☼ + 𝕊	Voir **18,II**.

	Le masque n'est pas inflammable.
	Je ne vais pas mettre le feu au bonhomme !
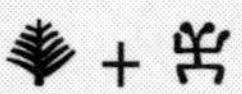	J'agite mon bouquet, sans effet.
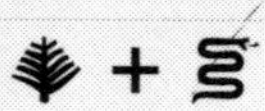	Voir Conversation **K** (page 237).
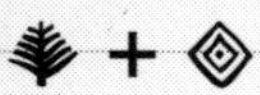	Voir **16,II**.
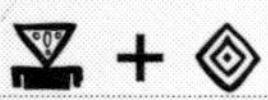	Voir Conversation **U** (page 249).
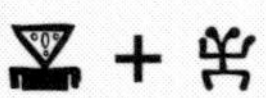	Ils ne visent pas que mon visage ! Ça ne suffit pas.
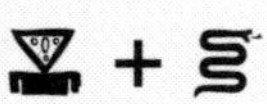	Voir Conversation **V** (page 249).
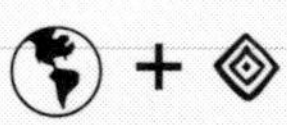	Cette carte n'a pas de sens pour l'Indien.
○◇□△	Voir **15** bis,**II**.
○◇△□	Voir **17,II**.
□◇○△	Voir **18** bis,**II**.
□△◇○	Voir **19,II**.
△○◇□	Voir Conversation **Y** (page 256).
△□○◇	Voir Conversation **V** (page 249).

Chapitre 4 : PIÉGÉS DANS LA PYRAMIDE

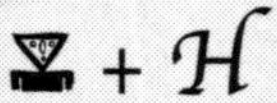	Voir **20** bis,**III**.
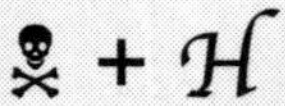	Voir Conversation **J** (page 235).
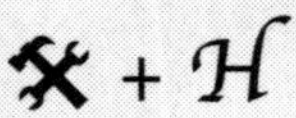	Voir **20** bis,**II**.
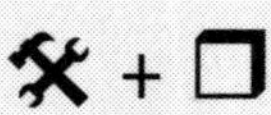	Voir **25,III**.
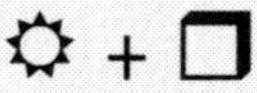	Et pourquoi pas à la dynamite ? Trop dangereux.
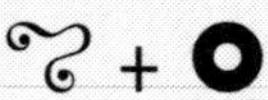	Voir **24,III**.
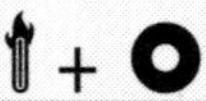	Voir **24,II**.
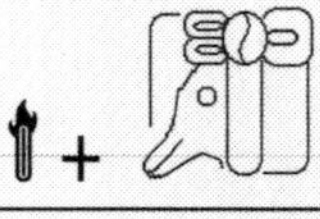	Voir Conversation **F** (page 230).
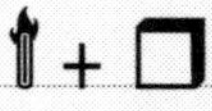	La flamme de l'allumette ne révèle rien dans l'éboulement.
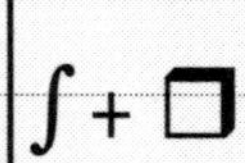	Voir **25,II**.

∫ + 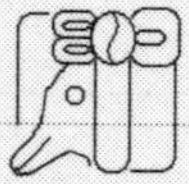	Voir **22,III**.
∫ + 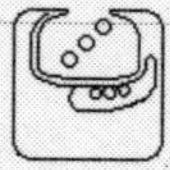	Voir **25** bis,**II**.
	Voir **21,III**.
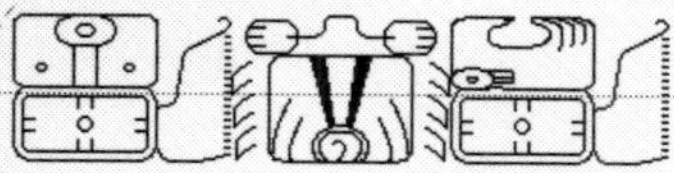	On dirait que j'ai perdu le nord !
	Voir **22,III**.
	Voir Conversation **V** (page 249).
	Voir **23,II**.
	Voir Conversation **R** (page 245).
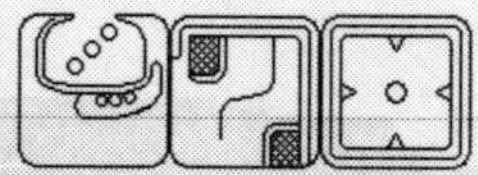	Voir **25** bis,**III**.

Chapitre 5 : LE SECRET DES MAYAS

	Voir **27,II**.
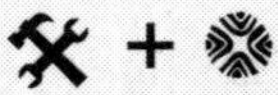	Voir **27,II**.
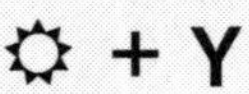	Voir **29,II**.
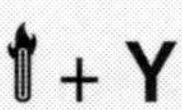	Même en me hissant sur la pointe des pieds, échec !
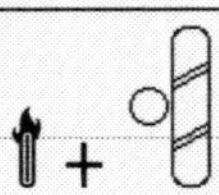	Voir **27** bis,**III**.
	Voir **27,III**.
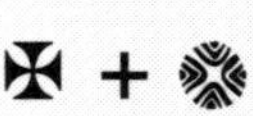	Voir **27,II**.
	Voir **29,III**.
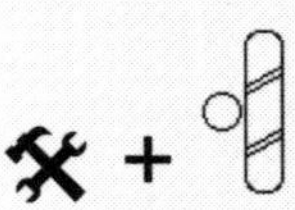	Voir **27** bis,**III**.
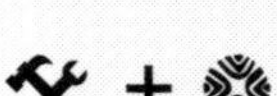	Voir **27,II**.

	Je recouvre le trou et je ne vois rien.
	Lire **27** bis.
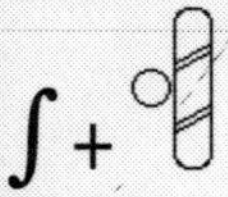	Voir **27** bis,**II**.
	Voir **27,II**.
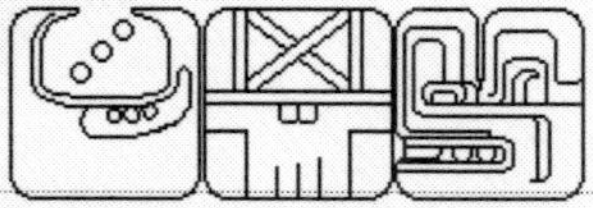	Voir **26,III**.
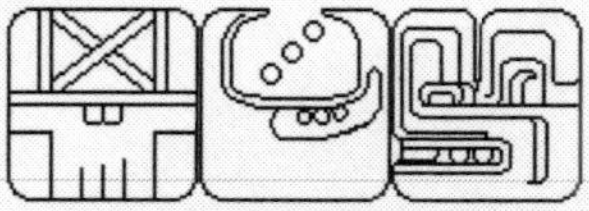	Voir **28,II**.
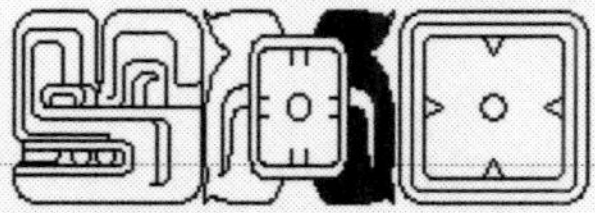	Voir **30,III**.
	Voir Conversation **V** (page 249).
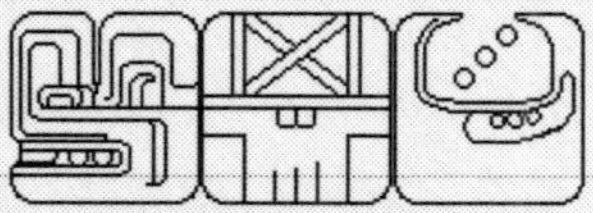	Voir **30,II**.
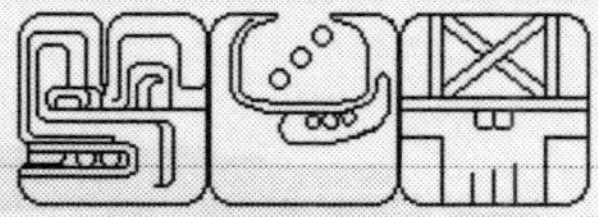	Voir **26,III**.

DOCUMENTS

Lettres et carte d'anniversaire

Les lettres de Sylvanus figurent dans le prologue, timbrées et affranchies. Mon oncle ne peut jamais s'empêcher d'y ajouter un petit code en guise de devinette ou d'amusement !

Article de l'*Encyclopædia Britannica*

MAYAS (mā-y'as), nom d'une puissante peuplade indienne de l'Amérique centrale.
– adj. : race maya
– n.m. : langue parlée dans l'Amérique centrale (voir *infra*).

– ENCYCL. Ethnogr. : les Mayas sont aujourd'hui divisés en trois groupes : dans le Guatemala, les *Nams*, les *Quichés* et les *Pokomans* ; dans le Yucatán, le Tabasco et le Chiapas, les *Tchontales* ou *Tsendals* et les *Mayas* proprement dits ; dans la province de Tamaulipas, les *Huastèques*. Autrefois, ils occupaient un plus vaste territoire.

Les Mayas avaient atteint un certain degré de civilisation et possédaient une organisation sociale mal connue (*cf.* **THÉOCRATIE**). Leur âge classique s'étendait de la fin de l'Antiquité européenne jusqu'au milieu de notre Moyen Âge. Les ruines des imposants monuments de Palenque, d'Uxmal, de Copan, etc. sont couvertes de sculptures d'un goût et d'un luxe barbares, reproduits par un fantaisiste français, le peintre J.-F. Waldeck (1838), puis de manière plus exacte par les explorateurs britanniques : expédition Stephen (dessins, 1843), expédition Maudslay (moulages et photographies, 1882). D'énormes pyramides à degrés sont ornées de nombreux petits motifs qui constituent une écriture probablement hiéroglyphique, comme celle des Chinois ou des anciens Égyptiens. Ces Indiens s'imprimaient des dessins sur le torse et la face au moyen de cachets en terre cuite et se limaient les dents en pointe.

– LINGUIST. La langue maya, usitée dans la peuplade indienne du même nom, est encore aujourd'hui très répandue et bien étudiée (plusieurs grammaires et lexiques dus aux missions chrétiennes). C'est la plus importante des langues d'Amérique centrale. On y distingue plusieurs dialectes : le *lacandon* (Guatemala, Chiapas), le *mopan* (Honduras britannique), le *chaniabal* (Chiapas) et le *chol* (Guatemala, Honduras). Cet idiome apparenté au *huastèque* est très riche en formes verbales. La syntaxe du maya moderne a été influencée par l'espagnol castillan après la venue des conquistadors (XVIe). La tradition scripturaire est encore vivace (*cf.* **SCRIBE**) depuis que les missionnaires espagnols ont enseigné l'alphabet latin aux peuples conquis. Leur tâche civilisatrice a été facilitée par le fait que l'écriture maya se lisait probablement de gauche à droite comme la nôtre, et une ligne en dessous de l'autre.

– ÉCRITURE. On dispose d'un assez grand nombre de monuments hiéroglyphiques (*cf.* **GLYPHES**), mais de très peu de codex (manuscrits en papier d'écorce plié et peint) œuvres du peuple maya. Les abréviations multiples et le grand nombre d'éléments figuratifs qui entrent dans la composition de cette écriture en rendent le déchiffrement particulièrement difficile, peut-être même impossible. Les experts ont dénombré environ huit cents glyphes différents. Le Français C. Rafinesque y a reconnu des nombres (fig. 1) et le symbole du maïs. L'Allemand E. Förstemann a identifié les signes calendaires. Depuis, on n'a découvert de façon certaine que l'écriture des astres (fig. 2), le nom de dieux et de quelques autres éléments comme les couleurs.

Fig. 1

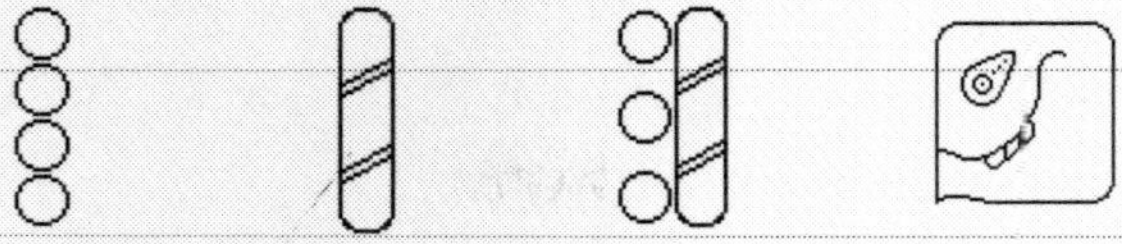

4 5 8 20

Fig. 2

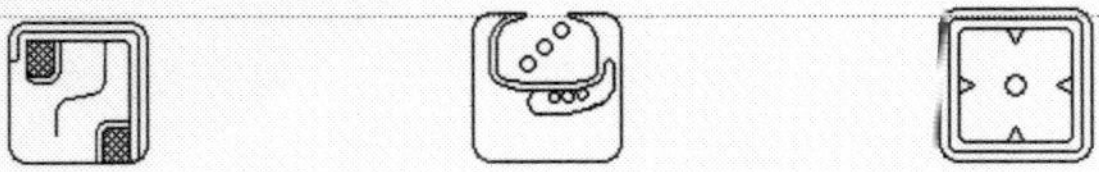

Terre Lune Soleil

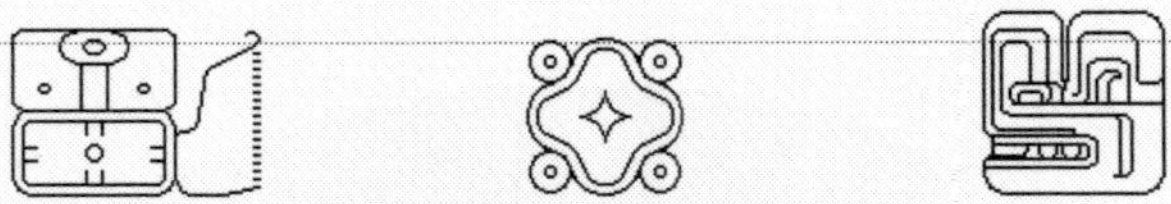

Lever de soleil Vénus Mars

D'après l'encyclopédie, la *théocratie* est le « gouvernement par les prêtres », donc un peuple religieux et sans roi. Je crois qu'oncle Sylvanus n'est pas d'accord avec cette vieille théorie. Un *glyphe* est, apparemment, un symbole comme ceux qu'on voit en bas de l'article. Inspirée, je prends une feuille et je commence Mon dictionnaire maya (page 216), en espérant apprendre vite de nouveaux signes !

Mon dictionnaire maya

Je noterai ici le sens de tous les glyphes et des mots mayas que je rencontrerai.

	chiffre trois	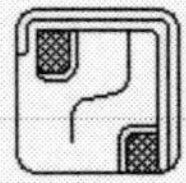	
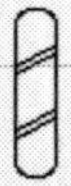		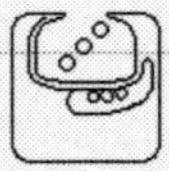	
		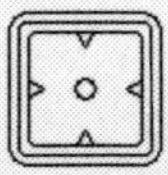	Soleil

		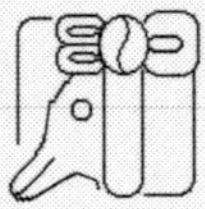	

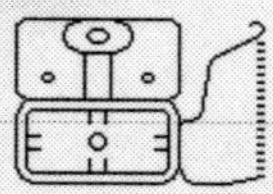		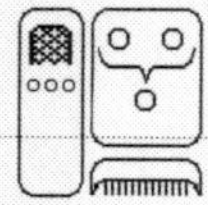	
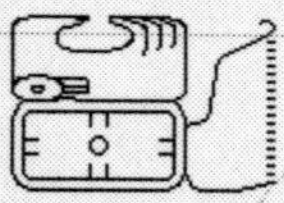		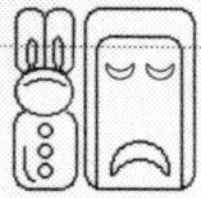	
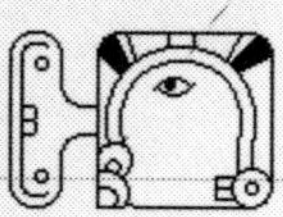		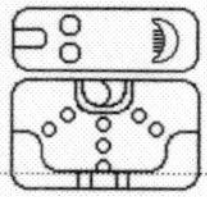	
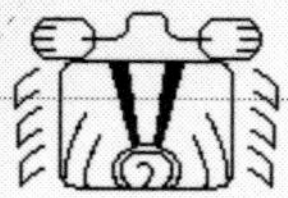		Mots mayas connus :	

Les six symboles de jade

J'ai recopié les six glyphes de la stèle cachée, mais attention, mon oncle en a changé l'ordre ! Si j'ai bien compris, la suite de symboles indique les directions successives à suivre jusqu'au second site, comme sur une carte au trésor...

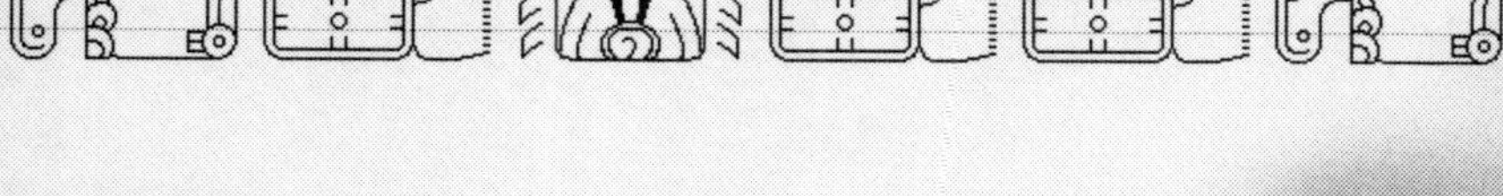

Journal de Sylvanus

Quelle émotion de feuilleter les notes de mon oncle Sylvanus ! Je reconnais son écriture dans le grand cahier relié de cuir brun.

31 mai. Les fouilles avancent à bonne allure, maintenant que les principales parties du site ont été défrichées par les ouvriers. Quelle différence avec les masses de végétation que nous avons trouvées là, il y a un mois ! On pouvait passer à côté d'un monument sans le voir, et le confondre avec le relief ! Tous les soirs, j'ai les mains douloureuses. Devant l'ampleur du travail à accomplir, Iktan et moi manions la pelle et le tombereau comme les autres ! Depuis hier, notre photographe est parti en repérage tout autour du site. Il transporte toujours son matériel avec lui.

En observant les bas-reliefs mis au jour, j'ai découvert un nouveau glyphe. D'après le contexte, je crois qu'il désigne le chiffre zéro. Qui l'aurait cru ? Les Mayas connaissaient le zéro, que les Grecs et les Romains ignoraient !

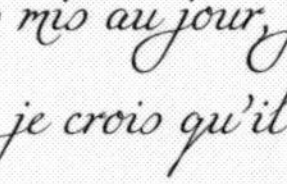

6 juin. J'ai effectué des frottis sur les bas-reliefs de la plate-forme de la pyramide pendant que mon assistant effectuait des mesures sur les colonnes. Elles supportaient peut-être un toit, d'où les becs et les redans. Du sommet, en regardant à travers un opercule dans le glyphe du Soleil, j'ai cru apercevoir une clairière et une stèle dans la jungle. Je garde cela pour moi dans l'immédiat... Plusieurs fois, des documents ont disparu de mon abri, et j'ai cru surprendre des regards. Par le passé, ce voleur de Hedges a déjà soudoyé un ou deux de mes équipiers sur d'autres sites. À qui se fier ?...

8 juin. Quelle merveille ! Je devrais penser à la venue d'Emily, mais impossible d'attendre. J'ai inspecté seul et en secret la stèle de la clairière pendant que les ouvriers s'activaient près de la pyramide. J'ai creusé à la base du bloc sculpté, et là, qu'ai-je découvert ? Les implications sont tout bonnement stupéfiantes ! Tout s'éclaire et devient limpide comme le cristal.
Les sculptures sur les côtés de la stèle représentent un autre site plus riche que celui que nous fouillons. Il est dans la région, à en juger par la végétation et les reliefs représentés. Les glyphes de jade indiquent le trajet à suivre pour y accéder : au nord, puis au sud, puis encore au nord, etc. Ce ne sont pas ces directions-là, bien sûr ! J'ai mélangé les six symboles pour éviter que

cette information tombe dans de mauvaises mains. Je garde ces quelques notes pour pouvoir remettre les signes dans le bon ordre et reconstituer le parcours à suivre :

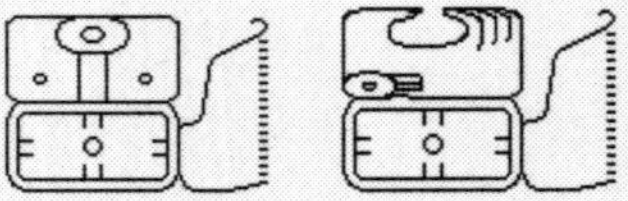

Le soleil se lève, se couche et se lève à nouveau.

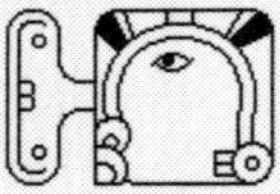

entoure deux glyphes.

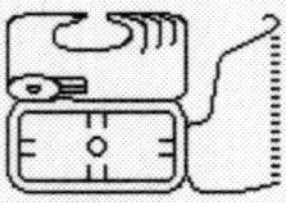

n'apparaît pas en premier, ni en second.

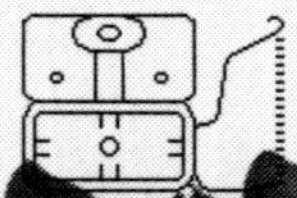

n'apparaît pas en dernier.

est un intrus.

Notre photographe est tombé malade hier, depuis qu'il a bu de l'eau non bouillie. Il reste sur sa paillasse, le visage jaune et crispé. La quinine ne semble pas le soulager. Les ouvriers murmurent entre eux depuis la mise au jour du trophée aux crânes au pied de la pyramide, et je crains

... emporterons tous les outils avec nous en partant.

15 juin. Préparatifs terminés ! Nous sommes partis tôt ce matin, en laissant la garde du chantier à Sancho. Je prends tout le monde avec moi : garde tes amis près de toi, et tes ennemis encore plus près ! Enfin, tous sauf cet imbécile. Il était ivre au moment de notre départ, je ne sais même pas s'il a bien compris mes instructions, ni même s'il se les rappellera ! Ce n'est pas grave, Emily et Iktan trouveront sans peine les indications de direction pour me rejoindre sur le second site, si seulement ma nièce est à moitié aussi futée que le prétend sa directrice. Quant à Hedges, il serait incapable de reconnaître un temple maya avec un plan, même en ayant les deux pieds dessus, alors aucune chance qu'il comprenne les indices !

Maintenant que j'ai lu le journal, je peux passer au chapitre 3.

Parchemin du moine

Oncle Sylvanus suit du doigt les mots dont l'encre a pâli au fil des siècles et traduit mot à mot de l'espagnol. La langue est archaïque, et beaucoup de passages sont désormais illisibles.

En l'an de grâce 15…

Ceci constitue les Mémoires du moine Diego Landa, aux Indes occidentales.

Sur les instances du Capitaine de notre détachement & sur les Ordres de Sa Majesté Très-Catholique, nous nous enfonçâmes dans les terres à la recherche de peuplades à convertir à la Foi très-véritable, & aussi de Trésors pour la Couronne.
… des informations d'un chef de tribu… interprète païen parloit de remparts élevés jusqu'aux nues & derrière eux, d'une Cité aux toits couverts d'Or & aux coffres remplis d'Épices rares. Le capitaine pensoit qu'il s'agit des cités de Cipango dont parlait Marc Pol… prîmes dès lors la route en suivant…
Rien de mes Voyages précédents ne m'avoit préparé à cela. Les Forêts de ce pays estoient étranges, l'air lourd d'humidité & la nuit, des Cris retentissoient entre les arbres. Le Serpent, instrument du Malin, estoit partout, & nous prit plusieurs des Nostres. J'estois tombé très-malade après avoir bu l'eau dans un creux du sol herbu, mais je me remis, grâce à Notre Seigneur. D'autres hommes moururent de la morsure d'une Araignée nommée ici pa-ra-ka. Hélas, plus d'entraide & … trop de méfiance. Nous estions si peu dans notre troupe à présent !
Sur le chemin de cette Cité de Légende ceinte d'un Rempart, l'interprète m'a montré les Sculptures en forme de monnaies carrées & d'ombons de boucliers qui sont sur… en pleine Forêt. Cela date de ses Ancêtres, qui constituoient une civilisation glorieuse, mais qui estoit tombée plusieurs siècles avant notre arrivée, comme ont chu les Anciens Romains (signe très-vrai que le Seigneur a en haine ceux qui adoroient des idoles).

Les Païens vivoient désormais miséreux, entourés des ruines de la gloire de leurs Ancêtres. Ils savoient encore lire les signes sculptés qui figuroient une Escripture, car ils avoient des Scribes très-savants. Chaque signe se lisoit de sénestre à dextre. J'avois appris que ces deux signes désignoient : le premier, un Faucon, & le deuxième, la rencontre ou Éclipse de deux Astres.

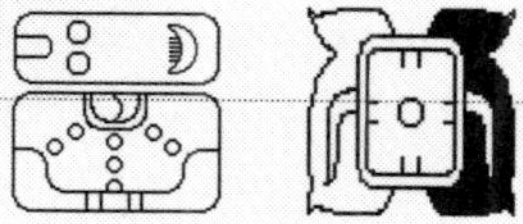

L'interprète estoit un homme intelligent, un des scribes de ce peuple. D'autres religieux lui avoient déjà enseigné notre langue chrétienne, & je lui appris notre alphabet. Il s'entraînoit parfois à escrire nos mots avec un bout de charb… dans un manuscript en papier plié très-coloré qu'il…

… localisés enfin la Cité d'Or ! De vraies collines bâties tout-en-pierre, couvertes de faces belzébuthiques, & très-belles pourtant ! Nous pénétrâmes dans plusieurs petits bâtiments, que le Capitaine espéroit trouver plein d'Or et de Bijoux dont Sa Majesté Très-Catholique auroit sa part. Plusieurs des nostres, très-chargés de butin, trouvèrent un Sort fatal… Que le Seigneur nous vienne en aide ! Les hommes que je connaissois bien, avoient maintenant des faces de Loups & des yeux de Serpents, à rêver tout haut de Fortune. Au départ de Séville, mes Agneaux partoient conquérir des terres pour les rendre chrétiennes, mais devant les idoles païennes, ils parloient tout haut de leur Fortune & désormais… craignois quelque acte de Violence dicté par la…

… vrai labyrinthe au sommet de la plus haute Pyramide… dernier, laissant derrière nous plusieurs blessés… notre interprète encore avec n…
… Capitaine disparu dans les ténèb… n'estions désormais plus que trois…
… tombé au Fond de ce p… ou bien poussé. Comment estoit-il possible de lever la main sur un Homme de Dieu ? Je crois bien que ma Iambe est brisée. Mes appels dans le noir… jour entier est passé, que je pensois. Déjà plus d'eau & je n'entendois plus aucun bruit. Souffrois autant que nos hommes piqués par les araignées PA-RA-KA, mais… plus qu'à remettre mon Âme très-immortelle à Dieu…

Mon oncle interrompt sa lecture, très pâle. Quel calvaire ce moine a souffert ! Grâce à lui, j'ai appris quelques bribes de langue maya. Je crois que, à cet instant, nous pensons tous au martyre d'Iktan.

Codex maya

Voici la dernière page du codex trouvée parmi les ossements au bord du bassin. Je reconnais un des glyphes qui nous a permis de quitter le niveau supérieur, le début du nom du roi enterré ici.

Plus loin, la transcription de ce glyphe rédigée avec précipitation, peut-être au moment où l'interprète rendait son dernier soupir... Mon oncle a son idée sur le sens de ce mot, mais Tatiana n'est pas d'accord !

CONVERSATIONS

Voici les discussions que je peux avoir avec les personnes que je croise, si je trouve quel objet leur montrer, que je résous un mystère, ou si le texte m'y renvoie.

A.

Le radiotélégraphiste est un peu étonné.

« Pourquoi vous m'parlez d'un **A**nniversaire ? Bon, c'est vrai que *quelqu'un* fête le sien ce soir... Quelqu'un qui a *deux fois l'âge d'êtr' majeur* ! Ça promet une fête avec quelques coups à boire ! »

Je peux aborder un autre sujet, ou me rendre dans un autre lieu sur le navire.

B.

Je réfléchis à toute vitesse. Les cailloux blancs sont sortis du jeu uniquement par deux. Et leur nombre total est impair (55). Donc, dans la dernière paire de cailloux, il y aura encore un caillou blanc et un noir. Le blanc reviendra dans la jarre, donc...

« Un blanc ! »

Le vieil Indien me lance un regard doux et bienveillant.

« Je vais te faire cadeau de la vérité, petite fille. Écoute ceci : si tu es ici à répondre à mes questions… c'est que tu t'es trompée de chemin. »

Je tape du pied, rien qu'un petit peu furieuse !

« Retourne à la stèle dans la clairière, tout au sud. Lève les yeux. Apprends à observer la forme des pierres. Fais les choses dans l'ordre. »

Je soupire. Tous ces efforts pour rien ! De toute façon, au nord de la cabane, le terrain devient boueux et n'est plus praticable. Je retourne à mon point de départ, le **14**.

C.

« J'ai mal entendu [foutu casque], vous avez dit quoi ? Code ? Pour votre fameux **M**essage ? (Conversation **M**). Ah, vous me parlez du **C**offre du cap'taine ! Qu'est-ce qui y a à dire là-dessus ? C'est le domaine de mon supérieur comme qui dirait hiérarchique, pas mon affaire… »

Je peux aborder un autre sujet avec l'officier de TSF, ou fouiller un autre lieu sur le navire.

D.

Pendant que mon oncle faisait la leçon à Tatiana avec des mots commençant tous par D, j'ai jeté un regard du côté de l'intersection et remarqué un détail... Je me penche.

« Qu'as-tu trouvé, Emily ?

– Là, je réponds, dans l'ombre, un creux de la paroi !

– Attention, Emiletchka. Peut-être dangereux, c'est. »

Sans écouter, j'introduis mes doigts dans l'ouverture. Je prie silencieusement pour qu'un insecte ou une bête ne se trouve pas au fond... Je retire enfin ma main avec un cri !

« Emiletchka, toi blessée ? »

Sans répondre, j'exhibe avec un grand sourire l'objet que j'ai trouvé dans l'anfractuosité : un médaillon de pierre (Mes Objets, page 202) ! J'avais raison de crier de joie, non ? Il est rond ✪ et orné d'un symbole en relief, une étoile. Il couvre presque entièrement la paume de ma main et pèse lourd.

« Incontestablement de facture maya..., dit l'archéologue après l'avoir examiné. Un bijou, ou peut-être une offrande votive...

– Précieusement, le garder » dit Tatiana.

Je retourne au **29** à l'intersection en forme de Y.

E.

« Mon porte-bonheur ! »

Sancho s'empare vivement du médaillon que je lui ai tendu. Il le rattache solidement au cordon de cuir qu'il porte au cou.

« Un souvenir dans ma famille..., marmonne-t-il. Je crois que je l'avais perdu quand on enterrait *el señor fotógrafo*. On l'a enterré sous TERRE !

– Sous la terre, évidemment, mais où ? »

Mais inutile d'insister, l'homme se balance d'avant en arrière en chantonnant quelque chose en espagnol à voix très basse. On n'en tirera sans doute plus rien.

F.

« Ne gaspille pas, Emily ! me prévient mon oncle. Tu sais ce que tu fais, au moins ? »

Sans répondre, je frotte une allumette et je la promène devant le panneau de symboles du carrefour, en commençant par le glyphe en forme de tête d'oiseau.

« Tu as vu ? La flamme s'incline ! Un courant d'air ! Une issue secrète !

– Il faut pousser ! »

Mais nous avons beau nous escrimer contre la niche, impossible d'en repousser le fond. Au passage, on remarque bien que certains signes semblent mobiles, mais Sylvanus me défend de les presser au hasard : « Ça pourrait déclencher un piège ! Attendons d'être sûrs des symboles à manipuler. Mieux vaut explorer tout le dédale avant. »

Ah, ces savants, toujours à vouloir prendre leur temps et réfléchir ! Mais je sens que mon oncle a raison et que m'amuser avec des glyphes au hasard n'aurait pas de sens. Je reprends le plan du niveau.

G.

Le vieil homme écoute ma réponse passionnée. Il secoue sa pipe et soupire.

« Les franciscains qui sont venus avec les conquistadors ont forcé mes ancêtres à apprendre leur langue et à prier leur dieu. Mais qu'ont-ils appris de nous ? Ils ont brûlé nos codex, brisé nos statues. Pourtant, vos savants étudient maintenant nos ruines avec respect. Ils essaient de comprendre, de déchiffrer. Des gens comme ton oncle... Et tu as la même âme que lui, petite fille. Je vais te poser une énigme. Si tu réponds bien, je te ferai un cadeau. »

Je suis tout ouïe !

« Une jarre contient 110 cailloux noirs et 55 cailloux blancs. Un tas de cailloux noirs est entassé à côté. Je prends au hasard, sans regarder, deux cailloux dans le vase. Si l'un des cailloux est noir, je l'ajoute au tas à côté et je remets l'autre caillou dans le vase. Qu'il soit noir ou blanc, il retourne dans la jarre. Si les deux cailloux sont blancs, je les lance au loin, et je remets un caillou noir dans la jarre. Je fais comme cela jusqu'à ce qu'il ne reste plus qu'un seul caillou dans le vase. De quelle couleur sera-t-il ? **N**oir ou **B**lanc ? »

H.

« Qui ? »

L'officier de TSF ne connaît pas **H**edges, il sait juste que la partie non codée du message de mon oncle dit de se méfier de lui. Je peux aborder un autre sujet, ou fouiller ailleurs sur le navire.

I.

Heureusement, j'ai correctement décodé le deuxième radiotélégramme de mon oncle. Le guide qu'il m'a envoyé s'appelle...

« **I**ktan ! C'est vous ? »

Le vieil Indien rit doucement, puis me désigne de la main un jeune homme au regard vif, coiffé d'un chapeau blanc. Il a la vingtaine au plus et était resté silencieux jusque-là. Le visage ouvert et l'œil pétillant de malice, le jeune Maya me tend la main.

« Je suis Iktan et j'assiste Mister Sylvanus Chaterwood dans ses recherches. Enchanté de faire votre connaissance, Miss Chaterwood...

– Pas de ça entre nous ! Appelez-moi Emily tout court !

– Désolé de cette petite mise en scène… *Miss Emily,* mais votre oncle a insisté. Il a pris l'habitude de tout cacher, il est persuadé qu'un ou deux ouvriers informent Albert Hedges. C'est un voleur capable de tout…

– Y compris d'engager une espionne de 16 ans ?…

– Bon ! Peut-être que j'avais aussi un peu envie de m'amuser en vous testant comme ça, reconnaît le jeune homme avec un sourire malicieux. En maya, *iktan* veut dire “rusé” ! D'ailleurs Mister Chaterwood m'a dit que vous étiez très forte en devinettes… »

J'éclate de rire, ravie.

« À bon chat, bon rat ! Bien, je suis prête : où allons-nous ?

– Vous n'avez que cette petite valise avec vous, Miss Emily ?

– Oui, c'est que, heu… j'ai dû faire très vite.

– Nous vous achèterons un poncho pour la pluie en passant. Partons ! »

Les Indiens qui faisaient cercle se dispersent. Certains répondent à l'appel du sifflet pour décharger le steamer, d'autres proposent leurs services aux passagers qui commencent à descendre sur les quais. Parmi eux, certainement, M. Guède, l'antiquaire, qui cherche à me retrouver !

« Nous n'allons pas à l'hôtel ? je m'étonne.

– Non, Hedges va fouiller tous les hôtels de Belize-City... Il n'y en a pas beaucoup qui proposent le confort britannique ! Je vais vous emmener directement au camp Sylvanus, où votre oncle mène ses fouilles. C'est au pied d'une pyramide en pleine forêt vierge, près de la frontière avec le Guatemala. Nous allons quitter la ville dans la carriole de mon cousin. Sa femme prépare de merveilleuses tortillas !... Hum, quand nous aurons atteint le fleuve, nous le remonterons en pirogue.

– En pirogue ?...

– Oui, c'est le moyen le plus rapide pour s'enfoncer dans la jungle. Vous n'avez pas peur de l'eau ?

– Non, non, je sais nager ! »

Remonter un fleuve en pirogue, passer inaperçue, j'adore déjà ma nouvelle vie ! Je suis en sautillant la marche rapide et souple d'Iktan. L'aventure commence !

Elle débute au lieu 8 : vers le camp Sylvanus.

J.

« Tenez, Hedges ! C'est ce que vous vouliez, non ? »

Mon oncle ouvre des yeux aussi ronds que ceux du crâne de cristal que j'ai sorti de mon sac.

« Emily, non ! »

Trop tard ! J'ai lancé le crâne à Hedges, qui le reçoit en plein ventre. Il laisse maladroitement tomber son arme et serre la fragile relique de ses deux mains. Tatiana tente un mouvement vers le pistolet, mais aussitôt les deux brutes la mettent en joue. Malgré la douleur, Hedges exulte. Il caresse la surface lisse à petits gestes nerveux sans pouvoir retenir un rire aigrelet.

Je supprime le crâne de Mes Objets (page 198).

« Taillé dans un seul bloc de cristal de roche ! Quelle facture… C'est inouï ! Il a dû falloir des décennies aux Mayas pour polir une pierre aussi dure avec du sable et de l'eau ! Les collectionneurs privés vont se battre pour l'acheter !… »

Il élève le crâne pour capter la lumière qui filtre par la porte. Le bloc translucide est comme couronné de rayons de toutes les couleurs de l'arc-en-ciel. Une merveille ! Je serre les poings. Mais qu'est-ce que j'aurais pu faire d'autre ?

« Vous avez ce que vous voulez, Hedges, je dis, la voix tremblante. Laissez-nous partir, maintenant ! »

Le mercenaire contemple encore quelques instants le cristal diapré puis il baisse les yeux sur moi.

« Pour que vous couriez jusqu'au premier poste de police et dénonciez cet, hum… accident ? Non, jeune fille, pas question de vous laisser filer. »

Il donne un coup de pied contre le corps d'Iktan.

« Mais je suis magnanime, petite Emily. Tu as été plus raisonnable que ton oncle, je vais donc te laisser une chance, à toi et aussi à tes amis. Dans le labyrinthe ! »

Mon oncle esquisse un geste de colère et Tatiana étouffe un cri.

Je me rends au 21.

K.

« Iktan, tu as de quoi faire du feu ? Allume ce bouquet de fougères ! »

Le Maya ne comprend pas, mais obéit. La torche improvisée flambe. Je la jette en direction des serpents et du squelette enfermé dans son plastron. Les fougères enflammées émettent un nuage de fumée brune. Les herbes bruissent quand les serpents s'éloignent en sifflant de colère !

« Comment avez-vous su, Miss ?

– Les glyphes indiqués à la peinture blanche par mon oncle ! Serpent, feu, fougère... Il nous avait laissé le mode d'emploi !

– Quelle petite maline ! Mister Chaterwood avait bien raison ! »

Les serpents corail ne reviendront pas de la journée. **Le 18 *bis* est maintenant accessible.**

L.

À la lumière de la lampe, nous regardons les trois symboles noircis par Tatiana. Le charbon forme un dessin, une barre avec un jambage comme la lettre L.

« C'est la bonne combinaison, tu penses ? demande Sylvanus, qui tient ouvert le codex.

– Bien sûr ! Vous avez entendu les noms d'animaux en maya comme moi : *pa-ra-ka* pour l'araignée, *si-na* pour le scorpion, *li-tzi* pour le faucon. Et les glyphes pour les écrire. Chaque glyphe est un mot, composé en assemblant un petit dessin par syllabe ! La preuve : le même peigne couché apparaît dans le glyphe *pa-ra-**ka*** et le nom propre ***Ka**-chi* dans le codex... Ce peigne, c'est la syllabe *ka.* »

Un silence stupéfait marque mon explication.

« Une écriture *en syllabes* ? dit mon oncle.

– Ça, tout expliquer..., sourit Tatiana. Écriture maya, trop symboles pour un alphabet, mais pas assez pour être hiéroglyphes. Chaque signe être syllabe comme *ba, bo, bu,* et s'assembler en mots !

– Et sans doute beaucoup de vrais hiéroglyphes mélangés avec, histoire de compliquer, je précise. Comme le glyphe du soleil.

– C'est extraordinaire ! Ma nièce a découvert le SECRET DES MAYAS ! Le sens de leur écriture ! »

Mon oncle agite les mains et parle fort. Moi je souris, modeste. Il me presse pourtant :

« Quel mot as-tu indiqué sur le panneau, Emily ? Dis-moi !

– La clé offerte par l'interprète à la dernière page du codex, *pa-si-li,* le mot qu'il a griffonné avant de mourir ! Il avait compris que chaque sculpture d'animal dans le souterrain donnait une partie de la clé pour sortir. Peut-être qu'il l'a lu dans une fresque dont le sens nous a échappé. *Pa,* c'est ce rectangle avec une grille et trois ronds, *si* cette forme avec des oreilles de lapin, et *li* ce dessin allongé avec deux ronds et un croissant. Le tout forme *pa-si-li.* »

Mon oncle claque des doigts.

« Bon sang, je savais qu'en maya *pa-si-li* veut dire "ouverture" ! Mais dis-moi, Emily, ces glyphes marqués de chiffres, que nous avons vus dans les grottes et les couloirs ?

– Ils ouvrent sans doute une autre partie de ce souterrain, mais pas celle-là.

– Appuie et nous, faire sortir, Emiletchka », dit Tatiana.

Son air réjoui et son regard qui pétille, ça vaut toutes les félicitations ! Je m'agenouille au bord du bassin et presse avec force les trois pierres, qui s'enfoncent dans le sol… Que va-t-il se passer ?

Pour le savoir, je lis enfin l'**épilogue** de mon aventure, page 271 !

M.

« Ah, vot' fameux **M**essage codé ? sourit le radiotélégraphiste. Vous z'avez pas réussi à le lire ?

– Non… J'aurai besoin de votre aide, je pense, dis-je en minaudant un peu.

– Votre oncle, il vous avait pas parlé d'un code avant ?

– Si, mais pas de celui-là. Enfin, un code en écriture manuscrite, ça n'a rien à voir. »

L'homme regarde à nouveau le message.

« Voyons voir. Alors... Parfois les gens écrivent simplement à l'envers, c'est l'plus simple. Ou bien y a le décalage dans l'alphabet. Ça coûte pas plus cher. Dans c'cas c'est une lettre pour une autre. Si on décale d'une lettre, A d'vient B, B d'vient C, etc. On peut faire ça avec un décalage plus grand. On appelle ça une clé. Par exemple, si E devient A, c'est une clé de 5.

– Merci...

– C'est pas tout, interrompt l'homme, on peut aussi supprimer les voyelles et n'laisser que les consonnes, après faut un peu d'viner les mots : RMS PLTNC pour le nom d'not' steamer. Ou bien encore... »

Je commence à avoir mal à la tête à mesure que l'officier énumère les possibilités. C'est sûr, oncle Sylvanus a utilisé une de celles-là, mais laquelle ? Je peux aborder un autre sujet, par exemple mon **P**asseport, ou fouiller un autre lieu sur le navire.

N.

Je réfléchis. Il y a bien plus de cailloux noirs et si on en remet, c'est impossible d'avoir un blanc à la fin.

« Noir, je dis. Un caillou noir. »

Le vieil Indien sourit. Il rentre dans sa maison et ressort avec une sorte de pâte brunâtre au creux d'une feuille :

« Tiens, prends. C'est du *chiclé*... La gomme d'un de nos arbres fruitiers. Mâche-le, ça te détendra et t'aidera à réfléchir sur le sens de la vie. »

Je mâchonne tout en prenant mon plan griffonné. Au nord, le terrain est instable et boueux. La seule destination possible est de revenir au sud, au ***15 bis***.

O.

Les joueurs grommellent, surpris, quand je dépose d'une main tremblante le jeton sur une des cases colorées. Le croupier me regarde puis éclate de rire.

« Voyez, Miss, vous n'êtes pas sérieuse ! On n'admet pas les enfants à la table de jeu !

– Et pourquoi ? » je demande, effrontée.

L'homme repousse le jeton vers moi avec l'instrument de bois qui lui sert d'habitude à récolter les gains.

« Pas d'histoire, petite fille, on a assez de travail aujourd'hui, avec l'**A**nniversaire du cap'taine à préparer tout à l'heure ! Ça va en faire des bougies sur le gâteau, je saurais même pas vous dire combien ! Si vous voulez jouer, revenez avec un adulte qui misera pour vous. »

Les hommes me suivent du regard alors que je quitte le salon de jeu, le rouge aux joues. Je reprends mon plan du navire.

P.

« Vot' **P**asseport ? s'étonne l'officier de TSF. Hum, si vot' dame de compagnie a voulu le mettre à l'abri comme vous m'dites, elle a dû le déposer dans l'**C**offre du bord, *dans le bureau du capitaine*. Dans ce cas-là, pas la peine d'espérer l'récupérer !

– Dites-moi, vous n'avez pas accès au coffre du capitaine ?

– Bien sûr qu'non, proteste l'homme. C'est son coffre !

– Mais s'il lui arrive quelque chose ? Un accident ?...

– Vous avez d'ces questions ! Vous lisez trop de romans policiers, Miss Chaterwood ! »

Parfait, j'ai appris où se trouve mon passeport : je peux ajouter le **6** sur mon plan du navire, près de la passerelle **5**, et m'y rendre discrètement quand je voudrai.

Maintenant je peux aborder un autre sujet, ou (qui ne tente rien n'a rien) tenter de corrompre l'officier en échange de quelque chose pour qu'il m'aide, ou fouiner ailleurs sur le navire.

Q.

L'Indien écoute ma réponse et hoche la tête.

« Ils ont ouvert la jungle à coups de machette et retrouvé les temples. Puis ils ont arraché les panneaux de stuc, déterré les stèles. Et ils les ont emportés en Amérique ou en Europe. Dans leurs musées. Loin de nos terres. »

Je rougis en songeant à ce que je transporte dans mon sac. Que lui répondre ?

« Je vous comprends. Voilà un crâne de cristal qui appartient à votre peuple. Je vous le rends. » (Conversation **U**)

« Les Européens sont friands de découvrir le monde. Même s'ils ont des préjugés, ils veulent comprendre.

Ils ont découvert les temples grecs, les pyramides égyptiennes, et ont donné à ces peuples de quoi être fiers. Ces ruines étaient abandonnées. Alors oui, c'est compliqué, mais ils cherchent aussi à apprendre ! » (Conversation **G**)

« Pourtant les vôtres aident nos archéologues, ils sont ouvriers ou assistants, comme Iktan. Parfois ce sont les descendants des Mayas qui, eux-mêmes, vendent les reliques de leur passé aux Européens ! » (Conversation **Z**)

R.

« Tatiana, je demande, qu'est-ce que le conquistador avait inscrit avec son sang, sur le masque de jade ? Vénus... éclipse... le Soleil ! Et le parchemin du moine nous a appris le glyphe qui nous manquait pour : éclipse, rencontre entre deux astres.

– Le transit de Vénus, un phénomène rare, remarque Sylvanus. Quand la planète passe devant l'étoile, sans l'éclipser bien sûr... Les anciens Mayas l'avaient donc observé ?

– Les roues, tourne ! » encourage Tatiana.

Les disques se mettent parfaitement en place. Le symbole de la planète, celui de l'éclipse, et enfin le Soleil. J'attends le grondement d'un mécanisme, que le mur s'ouvre pour nous inonder d'un flot de lumière de l'extérieur mais... rien ! Ou presque. En pivotant, les roues ont simplement révélé un glyphe coloré, resté caché jusque-là :

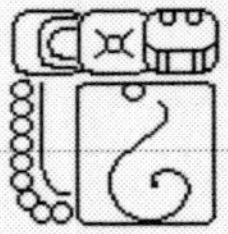

« Tous ça pour ça ? On ne dirait même pas de l'astronomie !

– Calme-toi, Emily, sourit mon oncle. C'est sans doute un signe important, on y voit encore des traces de dorure ! Recopie-le. »

Je reprends le plan de la pyramide, en espérant que l'archéologue ait raison.

S.

« *Si ?* »

Sancho m'écoute en me fixant d'un regard hanté, puis il laisse retomber la tête sur sa poitrine sans répondre. L'homme est effrayé et accablé.

« Les crânes, tous ces horribles crânes...

– De quoi parle-t-il ? je demande.

– Je ne sais pas, Miss Emily, répond Iktan. On n'a trouvé ni cimetière ni tombe.

– *El fotógrafo* ! explique l'ouvrier, les mains devant son visage. C'est les crânes qui ont emporté son âme ! On a enterré son corps tout gonflé, et après ça, tous les autres disparus ! La *maldición !*

– Le *señor* photographe, celui qui faisait les photographies des fouilles ? Il est mort ? » s'étonne Iktan.

Mais l'homme est retombé dans sa prostration, serrant le cordon de cuir passé autour de son cou d'une main tremblante.

Retour au **10**.

T.

Alors que j'allais presser le second glyphe, mon oncle m'arrête d'un geste.

« Explique-nous, Emily !

– C'est simple. Tatiana nous a dit que le glyphe "oiseau, rage de dents" veut dire "prise de pouvoir de...". À côté, il faut donc le nom d'une personne de haut rang – celle qui a fait bâtir la pyramide. Ce nom s'écrit en deux glyphes et a été systématiquement effacé de presque toutes les fresques dans le tombeau. Un souverain détesté par son successeur ou par les prêtres ? En tout cas, les deux glyphes du nom interdit nous ont été révélés : en tournant les roues du destin, et en enfilant le masque de jade pour regarder la fresque par l'œil gauche ! Je ne sais pas prononcer ces glyphes, mais je comprends que ça indique son nom. Il n'y a qu'à presser les deux glyphes de ce nom !

– Conquistadors, eux avoir trouvé ça avant nous..., glisse Tatiana. Soldat mort de la forêt et prêtre au fond du puits, on peut remercier. »

Oui, sans le masque de jade et le parchemin jauni, ces énigmes n'auraient eu aucun sens.

« Mais pourquoi construire un passage secret ? remarque l'archéologue. Pourquoi un nom interdit qui sert de code pour ouvrir ?

– Alors là, mon oncle... Allez le demander aux Mayas ! »

Tatiana rit de bon cœur. Je tends la main et j'enfonce les deux glyphes l'un après l'autre... Le fond de la niche tremble, sans doute mû par un vieux mécanisme à contrepoids. Au fond de la niche obscure s'élève un courant d'air...

La suite au début du chapitre 5 !

U.

Le vieux sage examine la relique en silence pendant un long moment. Il passe son doigt à travers le trou de l'orbite, puis à travers l'ouverture de la mâchoire. Enfin, il me rend l'objet en souriant, sans dire un mot.

« Conserve-le précieusement. Il te sauvera. »

Je vais en Conversation **G**.

V.

« Je ne comprends pas cette tentative, dit mon proche compagnon, perplexe.

– J'ai dû mal comprendre quelque chose, je crois », je réponds.

Je réfléchis et j'essaie autre chose : manifestement je me suis trompée !

W.

Bien sûr, le double V.

« Iktan ?

– Oui, Miss Emily ?

– Toi qui connais bien mon oncle... Que dirait-il, en me voyant arracher un bas-relief de ce mur millénaire ?

– Je suis sûr qu'il serait fier de vous, Miss ! »

Aussitôt dit, aussitôt fait. Avec les outils, je descelle le crâne du *tzompantli.* Un dernier effort et le morceau de bas-relief bascule lourdement, révélant un creux entre les pierres. Le Maya jure par tous ses dieux. Moi, j'ai envie de danser de joie ! Les rayons du soleil font jaillir des éclats de toutes les couleurs de l'anfractuosité. Le crâne de pierre dissimulait en fait... un crâne taillé dans du pur cristal !

« C'est ça, Iktan ! C'est la clé de toutes les découvertes de mon oncle ! »

Je retire précautionneusement le crâne ☠ de la cavité. Sa grimace est pour moi un doux sourire (Mes Objets, page 198). Et sous le crâne, bien enveloppé dans de la toile cirée : le journal de Sylvanus ! Je vais enfin en savoir plus sur son départ, sur ce camp désert, et savoir comment le retrouver !

Je lis le journal de Sylvanus (page 218) avant de passer au chapitre 3.

X.

Mon passeport en main, je referme le coffre et je file vers ma cabine... où Miss Killjoy m'attend de pied ferme.

« EMILY ! »

Aïe, si elle m'appelle par mon prénom, c'est vraiment que ça va mal.

« Comment avez-vous réussi à ouvrir ? Mais c'est incroyable ! Quoi ? De toute façon, taisez-vous, je ne veux rien entendre. C'est l'heure du dîner et je n'ai pas l'intention de le rater à cause de vos petites frasques ! »

Le digne chaperon oscille légèrement sur ses jambes : je comprends, elle a abusé du champagne avec son ami l'antiquaire ! Je baisse la tête, soumise en apparence. Miss Killjoy semble dupe ou fait mine de l'être, et se détend légèrement.

« Bien, Miss Chaterwood. Peut-être que je n'aurais pas dû vous enfermer. Pauvre orpheline, effrayée par le vaste monde… »

J'ai envie de pouffer, mais je me retiens, tête toujours baissée.

« Là, là, on vous aime bien, malgré vos airs bravaches. J'ai encore discuté avec M. Guède. Je pense toujours vous confier à lui. Vous ne savez pas ? Il est entouré des meilleurs porteurs et guides, vous n'aurez même pas la peine de marcher. Une petite chaise à porteur, sur le dos d'un Indien ! Rassurée ? »

Je calcule vite le comportement à avoir pour achever d'endormir sa méfiance et réussir mon plan d'évasion.

« Je suis d'accord, Miss Killjoy. Je suis désolée de vous avoir causé tant de souci. Vous avez déjà été si aimable de m'accompagner durant ce voyage ! C'était d'ailleurs très agréable. Vous savez, c'est la première fois que je quitte l'Angleterre. En fait, je suis très déçue que mon oncle ne soit pas venu me chercher. Je crois que j'ai accordé trop d'importance à l'affection qu'il m'accorde. Apparemment, ses travaux sont plus importants que ma pauvre personne. Je dois me consoler et m'habituer à cela…

– Oh ma pauvre enfant, comme je vous comprends. Vous partez donc demain en journée avec ce brave M. Guède.

– Oui. Quittons-nous bonnes amies et faisons de ce dernier dîner une fête !

– Avec plaisir. »

Elle a déjà oublié le passeport que je serre dans mon poing !

À ma grande surprise, le dernier dîner à bord est agréable et, pour Miss Killjoy, bien arrosé (encore). La préfète dodeline de la tête alors que nous regagnons la cabine. Son ronflement couvre bientôt le bruit des machines, c'est dire. Moi aussi, malgré l'excitation, je m'endors vite, épuisée par mes aventures des dernières heures…

À l'aube, je me glisse hors de mon lit, m'habille en silence et file le long des coursives sans faire le moindre bruit. J'évite soigneusement le personnel – et M. Guède, qui fait les cent pas en m'attendant dans le salon des premières ! Eh bien, qu'il m'attende.

Quand j'émerge sur le pont, je vois que le steamer est rangé à quai. Un léger bagage à la main, je descends la passerelle seule sous le regard endormi de la sentinelle. À quelques mètres, affalés contre des caisses ou des ballots, des porteurs indiens au visage buriné attendent de louer leurs épaules pour décharger. À un jet de pierre, le petit bureau des douanes arbore le pavillon britannique. J'appréhende la réaction de l'officier qui examine distraitement mon passeport, mais il le tamponne sans mot dire. Il croit sans doute que mes parents se trouvent sur la passerelle ou sur le quai.

« Bienvenue à Belize-City, au Honduras britannique, jeune fille… »

L'air marin des Caraïbes et la chaleur déjà perceptible semblent endormir toute méfiance et tout zèle chez lui. Je franchis la porte du bureau avant qu'il s'aperçoive qu'aucun adulte ne me suit !

Je peux commencer la lecture du chapitre 2.

RMS PLUTONIC

Y.

« Emily, être sûre ? demande Tatiana.

– Oui. Sur le trajet indiqué par les symboles de jade – est, nord, ouest, est, nord – se trouvaient *quatre blocs de pierre liés à des figures géométriques*. Dans l'ordre où on les a vus : le triangle au sommet de la stèle cachée... »

Je repousse vers l'intérieur du mur le glyphe grimaçant en forme de triangle. Il s'enfonce en grinçant. Loin derrière nous, des singes hurleurs s'agitent, dérangés par quelque chose. Iktan dresse l'oreille, mais moi, je n'y prête pas attention. Je poursuis :

« La clairière aux fougères, toute ronde, où se trouvait l'autre bloc... Les signes en losange sur la pierre du conquistador...

– Et le monolithe aux coatis ! ajoute Iktan. Chaque forme géométrique y était gravée trois fois, sauf une. Il manquait...

– Un carré », dis-je en enfonçant le dernier symbole.

Les quatre blocs mobiles sont enfin au fond de leurs logements dans le rempart cyclopéen. Quelques claquements de mécanisme montent des tréfonds de la muraille… Je trépigne déjà de joie ! Puis les quatre pierres se remettent lentement en place avec un bruit sourd.

« Ça, pas être ça ! » soupire la jeune Russe.

À peine a-t-elle dit ces mots que le sol vibre sous nos pieds.

« Qu'est-ce que c'est, Iktan ? » je demande, paniquée.

Tatiana Kouriakoff se protège bien inutilement la tête de son bloc à dessin. Le sol tremble tellement que j'ai du mal à garder mes mains posées sur le rempart. Il vibre, lui aussi !

« Non, regardez ! dit Iktan en pointant du doigt l'énorme porte sculptée.

– Oui ! » je crie.

Mû par un mécanisme millénaire, le bloc de granit pesant plusieurs tonnes pivote en soulevant des nuages de poussière. Quel spectacle !

« Vite, il faut passer avant que tout se referme ! »

Et de l'autre côté, enfin : **le chapitre 4 !**

Z.

Le vieil Indien a un sourire triste. Il hoche la tête mais n'ajoute pas un mot. Je retourne à mon plan. Au nord, le terrain est instable et boueux. Je n'ai pas d'autre choix que de revenir au **15 *bis*** en compagnie d'Iktan et Tatiana Kouriakoff.

INDICES

CHAPITRE 1

Prologue

– Code au bas des lettres : d'après le cachet, on devine ce qu'oncle Sylvanus a pu écrire sous chaque lettre !

– Code du radiotélégramme : parler de ce **M**essage à l'officier de TSF quand Emily le recroisera.

Lieu 1. Ma cabine

Emily doit bien relire les règles du jeu (page 190), lister les objets qu'elle a sous la main (et les symboles associés), et se demander quoi combiner avec quoi (page 203).

Lieu 3. Salon de jeu

Emily est une fille audacieuse, elle va certainement parier jusqu'à ses derniers cheveux pour obtenir des informations du croupier…

Lieu 4. Cabine de TSF

L'officier est un allié, Emily peut essayer tous les sujets possibles (l'initiale du sujet indique quelle Conversation lire, page 226). Elle peut revenir plus tard si elle comprend qu'une information lui manque.

Lieu 6. Bureau du capitaine

– Ce lieu n'est accessible qu'après avoir parlé avec le capitaine.

– Notre héroïne va devoir écarter des fausses pistes. On dirait un de ces problèmes d'arithmétique à Lockwood, ces histoires de robinets qui fuient ou de trains qui se croisent !

– L'information déterminante nécessite d'avoir parlé avec le croupier puis avec l'officier de TSF.

Lieu 7. Sur le quai

Emily repense à sa carte d'anniversaire, au radiotélégramme codé, et aux explications de l'officier de TSF.

CHAPITRE 2

Lieu 8. Vers le camp Sylvanus

– La pierre gravée est tête-bêche. Emily la regarde donc à l'envers !

– Il n'y a ni rosier ni vent, mais Iktan trouve son chemin quand même.

Lieu 9. Camp Sylvanus

– Emily remarque quelque chose de très familier sur ce plan, il n'y manque qu'un petit bout. Quoi, où ?

– Bien lire la phrase écrite à la main en bas du plan.

Lieu 11. Pyramide

– « Sinistre » ressemble à un autre mot, si on remplace *i* par *e*.

– À chaque symbole astronomique correspond un autre signe, en dessous.

Lieu 12. Mur de crânes

– Ce lieu doit être abordé en dernier, après avoir résolu l'énigme du plan, l'énigme de la pyramide et le code de la stèle cachée.

– Puis faire la liste des cinq inscriptions qu'Emily a trouvées dans le camp.

– Quand Emily a reconnu le bon crâne, elle trouve deux lettres, qui en donneront une.

Lieu 13. Stèle cachée

– Tiens, dans le mot en blanc trouvé par Iktan, l'un des signes ne ressemble pas aux autres.

– Symboles de jade : l'intrus est soit méridional, soit septentrional. Commencer par le Levant pour remettre les symboles restants dans le bon ordre.

CHAPITRE 3

Lieu 14. Clairière de la stèle cachée

– Emily devra suivre exactement le parcours indiqué par le journal de Sylvanus et les symboles de jade.

– Comme au camp, Emily devra lire les marques à la peinture blanche.

– Le pont de corde : un sac de nœuds inutile !

Lieu 15. Clairère aux coatis

– Emily a besoin de l'aide de quelqu'un ou plutôt de « quelqu'une ».

– Emily s'amuse à compter les glyphes et tente de les classer.

Lieu 16. Cabane du vieil Indien

Il ne faut pas voir la vie en noir, même en cas d'échec.

Lieu 17. Plaine des ossements

– Emily a besoin de l'aide de quelqu'un ou plutôt de « quelqu'une ».

– En regardant les énormes blocs de roche, Emily repense aux quatre stèles qu'elle a vues depuis la fin du précédent chapitre.

Lieu 18. Clairière du conquistador

Emily n'est pas fleur bleue, elle a plutôt un tempérament ardent !

Lieu 19. Clairière ronde aux fougères

– Si Emily a remarqué de la peinture blanche, elle a trois glyphes en tête. Le premier montre un reptile. Le second est ardent. Le tout suggère une combinaison.

– Il est inutile qu'Emily cherche à comprendre les autres glyphes de la stèle.

CHAPITRE 4

Lieu 20 bis. Ce qu'il y a sous la trappe

Et si la meilleure manière de contrer Hedges était... de lui donner exactement ce qu'il souhaite ?...

Lieu 23. Sarcophage brisé

L'essentiel n'est pas dans le sarcophage, mais sur la fresque. Emily louche dessus d'un seul œil.

Lieu 25 bis. Sarcophage intact

Pour trouver les trois glyphes à aligner, il faut se souvenir d'une chose qu'Iktan avait traduite à Emily, mais également apprendre ailleurs un nouveau glyphe. C'est vertigineux.

CHAPITRE 5

Dans ce niveau, Emily devra être attentive à chaque apparition du mot *détail*, qui signale une miniénigme.

Lieu 26. La grotte du scorpion

Pourquoi cette phrase est-elle écrite ainsi ?

Lieu 27. Puzzle

Si elle a trouvé quatre glyphes-chiffres, Emily peut deviner ce qui manque pour poursuivre la série. Elle utilise les signes de son choix parmi ceux du puzzle de pierre.

Lieu 28. Cénote

– Comparer les noms d'animaux en langue maya et les glyphes correspondants. Il faut voir cela comme les signes d'un code secret. Penser aux syllabes des mots.

– Quel mot composer ? Quel signe lit-on quand on a noirci les glyphes de ce mot, comme Tatiana le voulait ? Cela indique une conversation.

Lieu 29. Tunnel du faucon

Que la lumière soit !

Lieu 30. Salle du miroir :

Ritrosedarttemrepiulelleuqteerèinredaltseemginéet-teceuqylimEàeriorctiafiuqectseuqsiam ?

ÉPILOGUE

« Je le répète une dernière fois... »
Le chef du petit détachement de police tient sa langue et reste spectateur. Quelle femme ! L'Anglaise est haute comme trois pommes et coiffée d'un ridicule chapeau colonial, les traits voilés par une moustiquaire. Mais quelle poigne ! L'homme qu'elle pointe d'un doigt accusateur n'en mène pas large.
« Une dernière fois, Guède ! *Qu'avez-vous fait d'Emily Chaterwood, et qui est ce malheureux dont vous traînez le corps ?* »
Derrière Hedges, alias Guède, les deux comparses et les ouvriers dépenaillés remuent la poussière du bout du pied. Les policiers ont cerné le petit groupe à sa sortie de la cité, au bord du cénote ouvert dans la jungle. Devant eux repose un crâne brillant et le corps d'un indigène aux habits tachés de sang. Un chapeau blanc couvre son visage.
La moustache lamentable, Hedges balbutie sans rien trouver à répondre à la terrible Miss

Killjoy. La préfète de discipline n'a pas usurpé sa réputation ! Tous les hommes gardent les yeux baissés, et même les policiers qu'elle a alertés à Belize-City n'osent pas l'interrompre.
« Ah ça, je vous ai connu la langue mieux pendue, sur le paquebot ! Et croyez-moi, je n'ai pas passé huit jours à suivre vos traces dans cette *horrible* jungle avec une troupe de bras cassés pour vous entendre balbutier de pauvres excuses, Guède – si c'est vraiment votre nom ! Les coatis, les moustiques, tout ça, vous allez me le payer ! *Où est...* »
Une secousse venue du sol sauve (momentanément) Albert Hedges de la colère de Miss Killjoy. Derrière la ligne du rempart, les pyramides frémissent et des nuées d'oiseaux s'envolent, paniqués. Un bruit sourd semble monter du sol et...
« Le cénote ! »
Les hommes de Hedges et les policiers partent à la débandade quand la surface du bassin est soulevée par une vague qui rejaillit à dix bons mètres, emportant branches et cailloux sur son passage. Le scélérat a tenté de fuir lui aussi, mais la préfète l'a aussitôt saisi par

l'oreille. Tordre des appendices auditifs est un art que Miss Killjoy a porté à sa perfection durant les années passées à Lockwood. Sans prêter attention aux « Aïe, aïe, aïe ! » de Hedges, l'Anglaise ouvre de grands yeux en voyant ce que la vague géante a déposé sur le bord. Les bras lui en tomberaient si elle avait les mains libres !

« Miss Emily ! Mais, mais, comment êtes-vous arrivée là ? Et qui sont ces, heu... »

Appuyé sur les coudes et les genoux, Sylvanus Chaterwood tousse tout ce qu'il peut, pendant que Tatiana Kouriakoff, trempée, aide la jeune fille à se relever. L'archéologue serre encore contre lui un manuscrit peint de couleurs vives, plié en accordéon. Emily s'étouffe presque de rire entre deux gorgées d'eau recrachées.

« Ça, Miss Killjoy, c'est une *très* longue histoire ! »

attendent d'autres exploits prodigieux à venir dans la science de l'aéronautique, après la traversée de l'Atlantique par Charles Lindbergh en mai dernier !

OUVERTURE DU PROCÈS D'ALBERT HEDGES

Son arrestation rocambolesque – Trafic d'objets d'art – Un mort

Rapatrié depuis peu des prisons de Belize-City, le marchand d'art bien connu des places londoniennes, Albert Hedges, doit répondre devant les juges d'Old Bailey de multiples charges, allant de l'assassinat pur et simple d'un indigène à la tentative d'enlèvement d'une jeune Britannique. Parmi les témoins, Miss Barbara Killjoy, dépêchée en Amérique centrale pour accompagner cette même jeune fille, pensionnaire de

INAUGURATION D'UNE NOUVELLE AILE AU BRITISH MUSEUM

La culture maya à l'honneur dans la vénérable institution – Nouvelles découvertes sur l'écriture des Mayas

L'archéologue Sylvanus C. Chaterwood, de retour d'une campagne de fouilles au Honduras britannique, a inauguré hier en présence de la presse les salles du musée consacrées à ses découvertes sur les Mayas. Sa nièce Emily a eu l'honneur de couper le ruban de l'aile Iktan Nuñez, ainsi nommée en mémoire d'un assistant décédé à la suite d'étonnantes péripéties (notre édition du 15).

Le clou de l'exposition est sans conteste le manuscrit maya enrichi de transcriptions dans notre alphabet, que l'expédition Chaterwood a retrouvé au sein d'une pyramide jusqu'alors inconnue. Un document qui jette un jour nouveau sur la compréhension de l'écriture des Mayas. « C'est un codex », a précisé la jeune Emily à nos journalistes quand

« Quelle aventure, Emily ! Et tout est encore à faire, nous avons à peine commencé à explorer la cité perdue. Regarde le bond de géant que tu as fait faire à la recherche sur les Mayas ! Le secret de leur écriture ! »

Sylvanus balaie d'un geste du bras la salle éclairée en oblique par de hautes fenêtres à meneaux. Les officiels et les journalistes en costume ne lui prêtent aucune attention, penchés sur les vitrines pour déchiffrer les petits cartons explicatifs. Deux ou trois dandys promènent leur ennui dans les allées, venus pour être vus plutôt que pour voir. Mais la plupart des invités triés sur le volet sont sous le charme. Surélevé au-dessus des têtes et des chapeaux, un masque de jade scintille doucement à la lumière des flashs. Son œil unique paraît regarder au-delà de la foule.

Deux hommes passent à côté de l'oncle et de la nièce en bavardant avec animation. L'un est manifestement un journaliste, l'autre un colosse barbu qui agite les bras en parlant à tue-tête.

« Vous vous rendez compte, Malone ? Vous imaginez ? À peine la gamine avait déclenché le

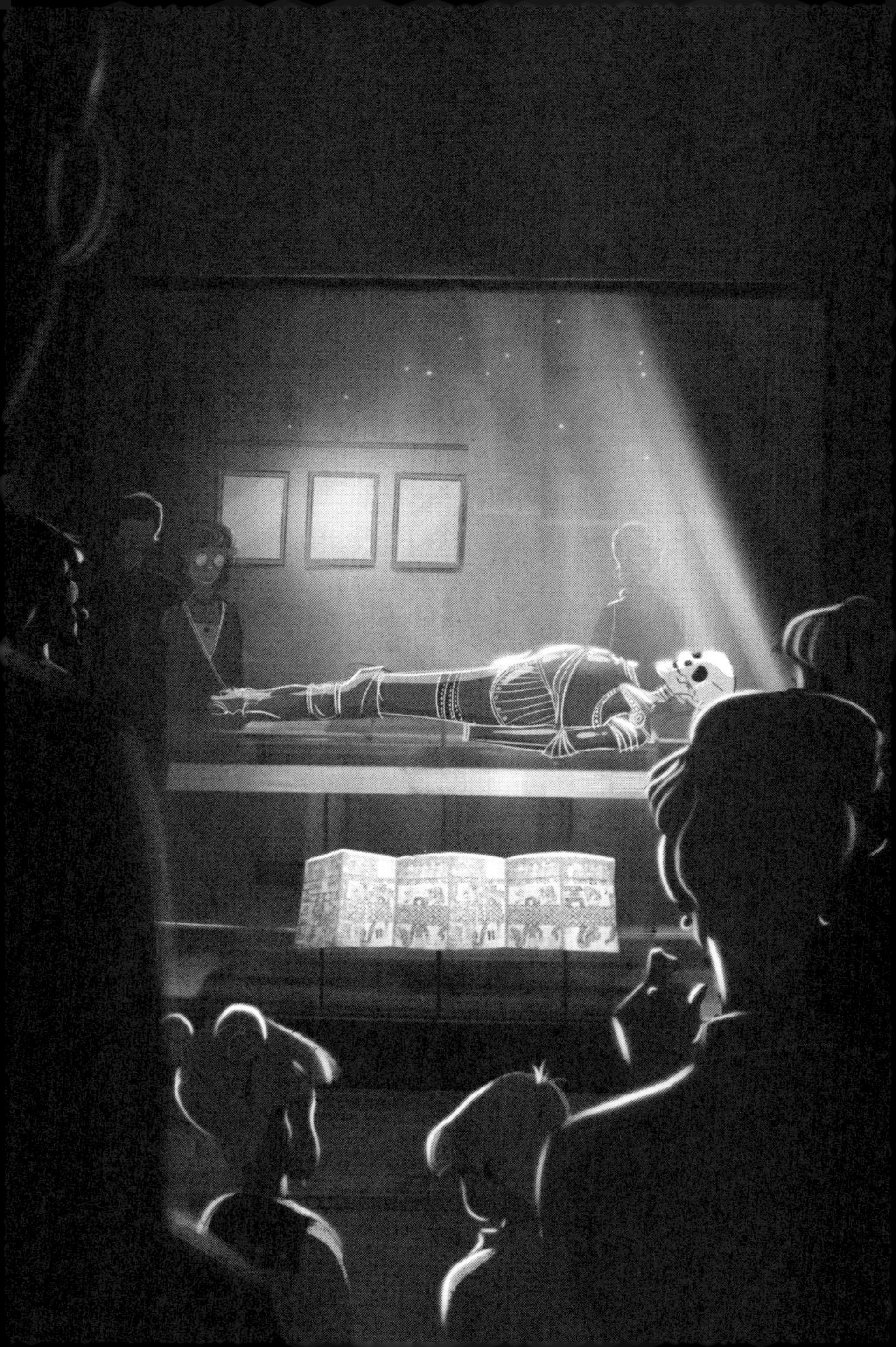

mécanisme, le sol s'est incliné et ils sont tombés à l'eau tous les trois ! Ah ! Et là, flaouuush, une vraie cataracte, projetés comme un boulet de canon dans les conduites de pierre ! Si vous publiez ça, vos lecteurs du *Daily Gazette* ne vous croiront jamais ! Pas plus que lorsque vous avez raconté notre retour de... Et puis ce crâne taillé, un faux magnifique ! Alors que notre spécimen volant...

– Oui, professeur Challenger » soupire le jeune reporter.

Les deux hommes s'éloignent. Sylvanus Chaterwood poursuit avec un enthousiasme enfantin :

« Qui sait si d'autres codex ne nous attendent pas là-bas, Emily ? Tant de glyphes à répertorier, tant de souterrains à...

– Tatiana n'a vraiment pas pu venir ? interrompt la jeune fille, un peu boudeuse.

– Son gouvernement l'a rappelée d'urgence. Elle doit présenter un rapport à l'Institut ethnographique de Saint-Pétersbourg. Je parie que les Soviétiques vont tenter de nous couper l'herbe sous le pied en montant leur propre expédition.

– Tatiana ne ferait jamais ça ! Elle... »
La fin de la phrase d'Emily se perd dans un silence stupéfait. De l'autre côté de la vitrine où reposent le squelette du conquistador et un serpent empaillé est apparu un garçon en uniforme à écusson et casquette assortie. Il fait quelques pas hésitants vers l'homme de science et sa nièce.
« Bonjour, Emily, dit-il timidement. Bonjour, Mister Chaterwood. »
Bret SaintClair serre poliment la main de l'archéologue et se tourne vers la jeune fille pour esquisser un baisemain un peu maladroit.
« Père a obtenu une invitation d'un de ses amis du Museum. J'ai insisté pour l'accompagner, car, je, heu...
– Tu voulais me donner des nouvelles de ta... santé ? »
Le jeune noble serre involontairement les genoux. Puis il se détend et sourit. Alors que Sylvanus s'éclipse, Bret tend timidement le bras à Emily pour l'inviter à l'accompagner le long de l'allée de vitrines. La jeune fille, amusée mais le rose aux joues, pose la main sur sa manche et avance à ses côtés.

« Emily, il faut que je t'avoue quelque chose... »
Le reste de la déclaration du jeune homme se perd dans le brouhaha des conversations.
Mais cela est une autre histoire !

POUR ALLER PLUS LOIN

* *Le Code maya enfin déchiffré*, David Lebrun, 2008, documentaire Arte

* *Naachtun, la cité maya oubliée*, Stéphane Bégouin, 2016, documentaire Arte

* *Les Cités perdues des Mayas*, coll. « Découvertes », Gallimard, 1987

* « Écrire avec des glyphes mayas », sur le site Mysticomaya.com

Et bien sûr, dans la fiction cette fois, l'indémodable série animée *Les Mystérieuses Cités d'or*, de Jean Chalopin ! (1982)

Si vous avez besoin d'aide :

@wendlingauthier

Découvrez nos autres
Escape books adultes

LA TOUR DE L'ALCHIMISTE

PRISONNIER DES MORTS

LE PIÈGE DE MORIARTY

PANIQUE DANS L'HYPERESPACE

LE DIRIGEABLE DU PROFESSEUR

LA MARQUE DE CTHULHU

HÔTEL MORTEL

LE PAYS DES MERVEILLES

Découvrez aussi nos

Escape Books pour les enfants

L'ÎLE AUX MYSTÈRES

GAME OVER

LE MÉGA TEMPLE MAUDIT

LA MAISON-FANTÔME DE MME HIDEUSE

VOL AU MUSÉE